# 朝日新聞を消せ！

朝日新聞を糺す国民会議 編

ビジネス社

汚名をそそぎ、誇りを取り戻そうとするノーブレスオブリージュとも言うべき人々である。

一月二十六日、原告団の中核となる二十三名の弁護士（高池勝彦弁護団長）によって、東京地裁に訴状が提出され、受理された。その後、三月二十五日に第二次の原告が提出され、最終的に二万五千七百人となった。それまで原告数が最大だったNHK集団訴訟（東京高裁で勝訴）でも一万三百人だったから、この朝日新聞集団訴訟の原告団はその約二倍だ。明治維新で近代司法制度が始まって以来、裁判史上空前絶後、最大の原告団である。

しかし、数だけの問題ではない。これは平成における「歴史的事件」でもある。

なぜならその本質は日本の「戦後体制」そのもの対して、草莽の日本国民二万五千七百人が決起し、反旗を翻《ひるがえ》した「事件」だからだ。朝日新聞は、単なる左翼リベラルの新聞社ではない。敗戦後、占領軍のGHQ（連合国最高司令官総司令部）の推進した「東京裁判史観」の最強最大の謀略宣伝機関だったのであり、この訴訟は反日プロパガンダ機関に対する、本来の「日本」から、明確な「異議申し立て」がなされたのだ。同時に、戦後体制に正面戦を挑む「日本軍」の登場であり、朝日新聞という「反日軍」との情報戦争の宣戦布告というのがその本質なのである。

訴訟では歴史事実の捏造歪曲報道について法律上の問題が争われるが、この集団訴訟の本質的意義は「戦後体制打破」への歴史的第一歩であり、「日本を取り戻す」「草莽崛起」の新しい国民潮流なのである。従って朝日新聞は、ゆめゆめこの二万五千七百人の戦士たちの決起を軽く見てはならない。

「朝日新聞を糺す国民会議」はこの集団訴訟に引き続き、朝日新聞を糾弾する「100万人署名運動」を全国的に実施する。朝日新聞集団訴訟は、単なる民事の法律訴訟ではない。日本国民全体の声によって、メディア報道の偏向や歪曲捏造を糺し、戦後体制からの脱却の第一歩を進める一大国民運動だからである。

朝日新聞は、「従軍慰安婦」報道について、吉田清治証言の一部を訂正謝罪したが、これまで朝日新聞が行ってきた大東亜戦争の「戦争犯罪」の嘘報道については相変わらず誤魔化し続け、姿勢を変えていない。むしろ開き直っていると言ってもいい。一例を挙げれば、吉田清治が朝鮮人を樺太に強制連行したという証言報道は、未《いま》だまったく訂正も謝罪もしていない。

かつて新聞メディアは自ら「社会の木鐸《ぼくたく》」と称していた。社会の木鐸の意味は社会の人々を指導し、人々をめざめさせ、教え導く人ということだ。しかし現実には、戦後社会の指

の「反戦平和」の

導層となった政界、官界、財界、マスメディア、教育界等、木鐸どころか「反戦平和」の
イデオロギーや理念の下、一体となって「日本」を解体し、「日本」をなくしていく先導
的役割を果たしてきたのである。

戦後日本の支配層、指導層は「日本」を自ら喪《うしな》い、日本国民としての自覚と責任感をも
失ってしまった。その行き着いた先は金儲け物質主義という唯物論の蔓延する社会であり、
現在のグローバリズムは最終結果と言ってもいい。マルクス主義者だけが唯物論者ではな
いのだ。人類愛やヒューマニズム、あるいは神や仏への信心を述べている宗教界の人々さ
え、現世利益主義という共通の本質はまったく変わらない。

あるいはどの政党を見ても、すべてこの範疇《はんちゅう》に入ってしまう。つまり戦後左翼も戦後保
守も、全く同じ穴のムジナだったというわけだ。

そしてこの階層のもう一つの特徴は、自分たちが内なる「日本」を喪失したという痛み
さえも感じられなくなった鈍感さだ。「戦後左翼」「戦後保守」の両者とも、自分たち自身
が「戦後体制」そのものであり、その大いなる利得者なのだという自覚や痛みを感じてい
ない。知的道徳的退廃の極致である。

その典型が朝日新聞であり、日教組だ。

日本草莽は、インターネットやチャンネル桜等を通して、マスメディアも含めた敗戦利得者たちの惨憺《さんたん》たる現実をはっきり認識するようになった。その結果、今や指導されるべき「知識無き」日本国民のほうが常識的で、世間の知恵や真実を知っているという倒錯、逆転現象が現実となっている。朝日新聞集団訴訟は、その結果である。

以前、朝日新聞慰安婦捏造事件が起きた時、戦後マスメディアは新聞雑誌、テレビ等、大いに取り上げ、「売りまくった」。しかし今や、朝日事件を地道に取り上げているのは産経新聞くらいになってしまった。というのも戦後マスメディア自身、朝日を撃つことはいずれ彼ら自身を撃つことになると何処《どこ》かで感じており、ブーメラン現象で自分たちに戻ってくることを恐れているからだ。

朝日新聞の訂正謝罪報道の後、朝日新聞とその周辺を彷徨《さまよ》う戦後左翼文化人やジャーナリストたちの、いかに知的道徳的退廃が進んでいるかを示す事件が起きた。朝日新聞自身の自己弁護キャンペーンと、朝日文化人たちの必死の朝日新聞擁護だ。

そして笑止なことに、この事件の当事者である朝日新聞元記者植村隆氏が何を血迷ったか、多数の左翼弁護士と共に文春や新潮、西岡力氏や櫻井よしこ氏を提訴したのだ。これは単なる「言論には言論で反撃せよ」という論争の世界ではない。崩壊の危機に怯《おび》えた「戦後体制」が、必死の反撃に出たと考えるべきだ。

この植村氏の姿勢は、朝日新聞の「本音」を体現していると考えて、ほぼ間違いない。朝日新聞本体も含め、彼等には発表手段はいくらでも存在する。しかし本来の「言論の自由」「報道の自由」を行使しようともせず、その権利と責任と義務を放棄し、「ペンは剣よりも強し」という言論人の誇りも矜持《きょうじ》も棄て、言論活動の戦いから逃げ出し、司法の力に頼ろうとしたのである。彼らはどこの誰よりも「権力」に弱い存在であることを、図らずも露呈させた。同時に彼等こそ、最も「言論の自由」や「言論の力」を信じておらず、「言論の自由」から最も遠く離れた人々であり、本音では言論をプロパガンダに過ぎないと考えていることも証明したのである。

なぜ、こんな行動を起こしたのか。彼自身元々、本来の「言論の自由」「報道の自由」の行使として「慰安婦報道」を考えておらず、戦後左翼イデオロギーによる政治的プロパガンダなのだと内心、自覚し、意識して報道していたからだろう。日頃、彼らの主張していた「言論の自由」や「報道の自由」も、実は「政治権力」や圧力に拝跪していた本質をさらけ出したのである。中国や北朝鮮の報道機関と一体どこが違うというのか。

今回の植村氏の提訴という「お上に頼る」情けない姿勢を見れば、朝日新聞が敗戦後、GHQに脅され、アメとムチの政策でその従属下に入り、東京裁判史観普及の最先頭に立つ謀略宣伝機関に成り下がったのも、むべなるかなと納得できる。

しかしこのような哀れで情けない姿こそ、戦後日本の支配層を形成した敗戦利得者たちの無惨な姿ではないのか。戦後敗戦利得支配層と草莽日本国民とのノーブレスオブリージュの逆転現象はここでも明快に証されている。

朝日新聞の慰安婦捏造報道事件は偶然でもなければ、一過性の過失でもない。戦後七十年にわたって続いて来た「戦後体制」の構造的腐敗と溶解現象の一つである。だから、中途半端な謝罪や訂正で改められる代物ではない。今の朝日新聞に、改革や立ち直りはほぼ不可能であり、打倒か、解体的再出発しかあり得ない。

ただ、これは簡単なことではない。朝日新聞解体は戦後体制打破の一環であり、だからこそ困難を極めるものになる。なぜなら、自らの胸の痛みを感じながら、指摘しておくべきことがある。腐敗と溶解が進んでいるのは、「戦後左翼」の朝日新聞だけではないことだ。自民党に象徴される多くの「戦後保守」や保守文化人もまた、同様に知的道徳的退廃が進んでいるという現実だ。いや、私自身も例外ではないのだろう。戦後生まれの私の内部にある戦後日本の「病巣」と戦いながら、今、必死に健康体の「日本を取り戻す」ことを目指しているのである。自分で言うのも何だが、わずかに希望を抱けるのは、不治の病の如く見える戦後日本病に侵されていることを、我がこととして自覚出来ていることだ。つまり戦後レジームと戦うというのは、内なる戦後レジームと戦い、自らを禊《みそ》ぎ、そして国民として祓《はら》い清め、自己治癒を目指し、本来の「日本」を取り戻す戦いなのである。

「日本を取り戻す」ことを目指しているはずの安倍政権も、自民党や公明党という内なる戦後レジームを克服しながら、そこから脱却しようとする本質的困難を抱えている。単なる対米従属や対米依存からの脱却だけで済まないのである。

「戦後レジームから脱却」し「日本を取り戻す」ことがいかに困難な「禊ぎ祓」か、私たちはもっと痛苦な自覚と当事者意識で、ことにあたるべきだ。

「草莽崛起」は確かに始まった。しかし日本草莽の性根も、問われる試練の時が来たのである。

**もののふの　やまと心を　より合せ　ただひとすぢの　大綱にせよ**

**野村望東**

# 「朝日新聞を糺す国民会議」代表呼びかけ人

平成二十七年三月三十一日現在　五十音順敬称略

浅野久美（ライター）
阿羅健一（近現代史研究家）
荒木田修（弁護士）
井尻千男（拓殖大学名誉教授）
井上和彦（ジャーナリスト）
岩﨑浩二（ひめぎん総合リース社長）
潮　匡人（評論家）
梅原克彦（前仙台市長）
大高未貴（ジャーナリスト）
小川榮太郎（文芸評論家）
尾崎幸廣（弁護士）
小田村四郎（元拓殖大学総長）
小山和伸（神奈川大学教授）
鍛冶俊樹（軍事ジャーナリスト）

加瀬英明（外交評論家）
葛城奈海（女優・予備三等陸曹）
上島嘉郎（元産経新聞社　雑誌「正論」編集長・ジャーナリスト）
川村純彦（元海将補）
クライン孝子（ノンフィクション作家）
日下公人（評論家・社会貢献支援財団会長）
小林　正（教育評論家・元参議院議員）
小堀桂一郎（東京大学名誉教授）
佐藤　守（元空将）
佐波優子（戦後問題ジャーナリスト）
上念　司（経済評論家）
杉原誠四郎（新しい歴史教科書をつくる会 会長）

すぎやまこういち（作曲家）
鈴木邦子（外交・安全保障研究家）
瀬川紘一郎（愛媛県隊友会会長）
関岡英之（ノンフィクション作家）
髙池勝彦（弁護士）
高清水有子（皇室ジャーナリスト）
髙橋正徳（愛媛県西条遺族会会長）
髙山正之（ジャーナリスト）
田中英道（東北大学名誉教授）
田中禎人（弁護士）
田母神俊雄（元航空幕僚長）
椿原泰夫（「頑張れ日本！全国行動委員会」福井県支部相談役・京都府本部顧問）

頭山興助（呉竹会会長）
富岡幸一郎（文芸評論家・関東学院大学教授）
中西輝政（京都大学名誉教授）
中山紘治郎（株式会社愛媛銀行会長・日本会議愛媛県本部会長）
永山英樹（「台湾研究フォーラム」会長）
西尾幹二（評論家）
西村幸祐（作家・ジャーナリスト）
濱口和久（拓殖大学日本文化研究所客員教授）
藤岡信勝（拓殖大学客員教授）
藤原　茂（愛媛万葉苑保存会常任理事）
本郷美則（元朝日新聞研修所長・時事評論家）
松浦光修（皇學館大学教授）
松木國俊（朝鮮問題研究家）
馬渕睦夫（元駐ウクライナ兼モルドバ大使）
三浦小太郎（評論家）

---

水島　総（株式会社日本文化チャンネル桜代表取締役社長・頑張れ日本！全国行動委員会幹事長）
水間政憲（ジャーナリスト）
溝呂木雄浩（弁護士）
三橋貴明（「経世論研究所」所長・中小企業診断士）
宮崎正弘（作家・評論家）
三輪和雄（「日本世論の会」会長・「正論の会」代表）
村田春樹（「自治基本条例に反対する市民の会」会長）
室谷克実（評論家）
目良浩一（「歴史の真実を求める世界連合会」代表）
八木秀次（麗澤大学教授）
柳原　幸（三津厳島神社宮司）
山本皓一（フォトジャーナリスト）
山本優美子（「なでしこアクション」代表）

---

柚原正敬（「日本李登輝友の会」常務理事）
渡部昇一（上智大学名誉教授）

## 「朝日新聞を糺す国会議員の会」

平成二十七年三月三十一日現在
五十音順（代表を除く）敬称略

代表　中山成彬（前衆議院議員）
今村洋史（前衆議院議員）
杉田水脈（前衆議院議員）
田沼たかし（前衆議院議員）
長尾たかし（衆議院議員）
中丸　啓（前衆議院議員）
西川京子（前衆議院議員）
西野弘一（前衆議院議員）
西村眞悟（前衆議院議員）
松田　学（前衆議院議員）

三宅　博（前衆議院議員）

# 「朝日新聞を糺す地方議員の会」

平成二十七年三月三十一日現在
五十音順（代表を除く）敬称略

代表　植松和子（静岡県函南町議会議員）
相澤宗一（新潟県柏崎市議会議員）
相田光照（山形県米沢市議会議員）
赤坂大輔（東京都港区議会議員）
浅川喜文（東京都荒川区議会議員）
阿部利基（宮城県石巻市議会議員）
新井克尚（東京都町田市議会議員）
荒城彦一（新潟県柏崎市議会議員）
石田昭夫（静岡県焼津市議会議員）
出田裕重（前兵庫県南あわじ市議会議員）
犬伏秀一（前東京都大田区議会議員）

---

上畠寛弘（神奈川県鎌倉市議会議員）
江花圭司（福島県喜多方市議会議員）
大瀬康介（東京都墨田区議会議）
大西宣也（東京都町田市議会議員）
柿沼貴志（埼玉県行田市議会議員）
北川元気（滋賀県彦根市議会議員）
楠井　誠（東京都国分寺市議会議員）
久野晋作（前千葉県我孫子市議会議員）
小礒　明（東京都議会議員）
小坂英二（東京都荒川区議会議員）
小坂泰夫（長野県南箕輪村議会議員）
小島健一（神奈川県議会議員）
小菅基司（神奈川県秦野市議会議員）
小坪慎也（福岡県行橋市議会議員）
桜井秀三（千葉県松戸市議会議員）
佐々木ゆうじ（岡山県赤磐市議会議員）
佐藤和典（新潟県柏崎市議会議員）

---

渋間佳寿美（山形県米沢市議会議員）
鈴木正人（埼玉県議会議員）
千住啓介（兵庫県明石市議会議員）
竹内太司朗（大阪府守口市議会議員）
田中ゆうたろう（東京都杉並区議会議員）
土屋たかゆき（前東京都議会議員）
中澤裕隆（千葉県議会議員）
林けんじ（北海道恵庭市議会議員）
松浦芳子（東京都杉並区議会議員）
松岡みゆき（東京都町田市議会議員）
三井田孝欧（新潟県柏崎市議会議員）
諸井真英（埼玉県議会議員）
諸岡覚（三重県四日市市議会議員）
柳毅一郎（千葉県浦安市議会議員）
山本光宏（神奈川県大和市議会議員）
吉田あい（東京都杉並区議会議員）
吉田康一郎（前東京都議会議員）

# 朝日新聞を消せ！　もくじ

## 第三章



## 第四章

誌上再録！

# 第一章

特別対談

## 朝日新聞と闘った四十年

上智大学名誉教授
渡部昇一

×

東京大学名誉教授
小堀桂一郎

# 凶暴でなりふりかまわぬ朝日の正体

**小堀桂一郎**　今回は朝日新聞の問題について、長年の間、朝日新聞相手の言論戦で、孤軍奮闘、遂に勝ち抜かれた渡部昇一先生と、私がその奮戦記をうかがうような形の対談にしたいと思っております。まず私から、そもそもの因縁のようなことから話しますと、一九六八年、昭和四十三年に世間が大学紛争と呼んだ学生騒動が始まりました。

**渡部昇一**　ありましたね。

**小堀**　あれはようするに、ベルリンやパリの五月革命などが東京に飛び火してきたようなものでした。つまり遠い海の向こうに何か反乱の元凶みたいな者がいて、糸を引いているわけです。私はその時、東京大学に着任して間もないころでしたが、学生は操られているだけだと分かっていました。しかし、その当時の朝日新聞社に『朝日ジャーナル』という週刊誌がありました。そこが「反乱を起こした学生の側に理がある」というような論調で煽動記事を書き立てていたのですね。大学の教官の中にも簡単にそれに乗せられてしまって、学生の肩をもって大学側の対応の仕方を非難する者が数多く出ました。

当時、校内で『朝日ジャーナル』の記者だと名乗る人間と私はたまたま出会ったので「あなた方は学生を煽動するばかりで、この偏向具合はちょっとひどいじゃないか」となじったわけです。するとその記者が、「私どもだって商売ですよ」と開き直る。「こう書けば売れるんだから、止めるわけにはいかないんだ」と。そういうことを平気で口にするのですね。それ以来、朝日新聞というのは汚らわしいから手に取るのも嫌だということになりました。一切読まなくなった。読まなくなった以上、私には朝日新聞を批判する資格はないわけです。

ところがそれから間もない時期でありますが、中共で林彪《りんぴょう》が失脚し、途中で墜死という事件がありました。けれど朝日はそれを約十か月くらい、「そんなことはなかった」と否定する報道をし続けていた。そのころにもう朝日は完全に、頭から足先まで腐敗していたわけです。私自身はまだそのころ、論壇でものを言う資格も機会ももっておりませんでしたから、ただ手を拱い

林氏 失脚後も健在
仏議員団に中国高官談
劉氏は公社で労働

1972年2月10日付朝日新聞

て傍観しているより他はなかったわけですけれども。ただ、朝日新聞のなりふりかまわぬ、なんとも不公正極まる記事づくりには呆れるばかりでした。朝日新聞はこんな誤報をまき散らす恐ろしい存在なんだということを、むしろ逆に認識できた出来事でした。

**渡部**　私は本来、英語の教師なんです。割とその分野では熱心に仕事をしていたんです。ところが、林健太郎先生、田中美知太郎先生、また福田恆存先生など、そういう方々が中心になって、文藝春秋社と一緒になったような形で『諸君！』という雑誌が昭和四十四年にできた。そして私がたまたまニューヨークにいた時に、福田先生に会ったんですよ。そのとき、「七〇年安保はどうなるのか」といったお話をずいぶんされました。それで私も創刊されたばかりの『諸君！』に何か書けという話になった。それがそもそもの引き金で、評論家のような仕事もやることになったのです。私は英語の教師であるという意識を捨てたことはないし、忘れたこともないんですが、その流れから朝日新聞に関する論争の世界に引き込まれたんですね。しかし、あの新聞は実に凶悪なことをやるんですよ。

**小堀**　そのようですねえ。

## 一個人と朝日の大戦争勃発！

**渡部**　あるとき、関西の大学の医学部の先生が、女子学生に触ったとか何とかいう騒ぎがあって、新聞がどっと記事にしたのです。ただ、その先生の弁解を聞く、弁明を書いてくれる新聞はどこにもなく、最終的にその方は自殺されたんです。今みたいにインターネットもないから、個人はメディアに対して反論のしようがなかった。それを百も承知で、まったくの捏造記事をつくって人をおとしめるようなことを平気でやる。それで私が『諸君！』誌上で盛んに朝日新聞の論調に否定的なことを書いているというので、朝日は私をあたかもヒットラーのような男であると、捏造談話を報道記事にして叩いたんです。これは非常に悪質でした。あのころ朝日新聞に叩かれれば、これは一私立大学の教師としてはちょっと……。

**小堀**　致命的ですね。

**渡部**　幸いにして私は、『文藝春秋』に「言論の検閲機関としての朝日新聞」というタイトルで反論を書くことができましたから、そこまで致命的なことにはならなかったんですが。ただ、あのとき朝日は徹底的に私をおとしめにきた。少なくとも教員としてのキャリアを絶とうとして仕掛けてきた。非常に凶悪なメディアだなと私は思いましたね。

**小堀**　しかしそれにしても、この長い年月よく戦い抜かれたものですね。

**渡部**　偶然のおかげというような部分も多々ありますけれどね。

## 司法界と同様に腐敗していた朝日

**小堀**　田中角栄元首相がロッキード事件で起訴されたときも、渡部さんは田中攻撃一辺倒の朝日を批判して、大変な論戦になりました。あの時の朝日も悪質でしたね。

**渡部**　あの問題の論点は田中角栄に対して、裁判の中で反対尋問をさせるべきだという、ただそれだけのことだったんですよ。

**小堀**　私も当時、本当にそう思いました。田中角栄という人は、個人的感情としては別に何か同情すべき人でもありません。日本列島改造論は実に罪深い思想でしたし。ただ、あの裁判はどう見ても不公正だった。こんなことがまかり通っていいのか、これは日本の司法の危機ではないかと、そういう問題意識だったわけですよね。

**渡部**　田中角栄が金を四億円受け取ったかどうかなんて、私の関知することではないし、分かるわけもない。しかし、あの不公平な東京裁判ですら、一応被告は反対尋問を行えたんです。それを日本の平和の時代にやらないのはおかしいと思った。これは近代日本の裁判史上の汚点ですよ。

**小堀**　そう思いますね。

**渡部**　みんな忘れたような顔をしているけれど、反対尋問もしないで首相を裁いたんですよ。なのになぜジャーナリズムは黙っていたのか。

**小堀**　当時の日本の司法界は、まさに朝日新聞と同様に腐敗していたんですね。

**渡部**　あのころは裁判官も検事も、朝日新聞しか読まないという人が多かった。

**小堀**　その影響が大きいんですね。

**渡部**　公平を期すために言えば、朝日の中にも立派な人はいます。というのは朝日が私をヒットラー扱いにした後に、朝日の記者だけを集めた私の講演会を行う機会をつくってくれた、朝日新聞の方がいるんですよ。その方は講演に先立って私を紹介するときに、「あの記事は本当ではありませんから」と言って、ちゃんと捏造を否定してくれたのです。そういう人も内部にはいるんです。

**小堀**　私も「新編日本史」外圧検定事件で朝日と戦った時に、ある一人の朝日の記者から手紙をもらったことがあります。文面は至ってまじめなものでした。ただ、そういう話の分かる記者が何を言っても、デスクから上の部分に道理の通じない部分があるらしいことが問題です。言ってみれば、編集権を持っている一部の層がガンなのでしょう。

**渡部**　そういう邪悪な勢力の実態を、そろそろ暴かねばならない時期に来ているように思います。

**小堀**　今度の朝日に対する裁判では、原告が二万人になったそうですけども、まだまだ戦いは続くと思っております。

**渡部**　続きますね。私は左翼の思想から学ぶことは何もないけれども、左翼の連中は何でも繰り返し繰り返し主張する。その態度だけは学ばなければならないと思っているんです。

小さなトンカチであっても、辛抱強く叩き続けていれば、いずれ岩盤は崩れる。そういうこともあるんじゃないかと思います。

## 従軍慰安婦などいるわけがない

**小堀**　話の焦点を慰安婦問題に移しましょう。ついに朝日新聞が、吉田清治という男の嘘に乗せられてしまったことを白状しました。しかしそれは、決して「謝罪」ではありませんでした。ただ吉田の嘘を認めただけです。

**渡部**　そうなんです。

**小堀**　朝日は「自分たちもまた被害者である」と言わんばかりの姿勢です。それで言い訳がたつと思っているのでしょうか。

**渡部**　しかも何十年も放置していて。

**小堀**　三十二年くらいになります。

**渡部**　僕は慰安婦問題が新聞に載りはじめた最初のころ、すぐにこれはインチキだと分かったのです。少なくとも「従軍慰安婦」というものはありえないと直感しました。僕らの

世代ですと、「従軍」という名前が付くのは、従軍僧や従軍看護婦など、大変尊い存在に感じるんです。

**小堀**　そうですね。私もです。「……心の色は赤十字」で結ばれる奥好義作曲の「婦人従軍歌」などは詞も曲も実に立派な歌謡でした。

**渡部**　ですから「従軍慰安婦」など、そんな馬鹿げた存在があるわけがないと感じました。しかも私たちの年代ですと、一般の売春業というものの存在も知っていますよね。

**小堀**　はい、知っておりましたね。

**渡部**　ですから、ますます「従軍慰安婦」などあるわけがないと確信しました。特に私は宮尾登美子さんの小説の愛読者なんですよ。宮尾さんの偉いところは、自分のお父さんの職業を丁寧に書いていることです。彼女のお父さんは、高知の代表的な「紹介業者」だった。正確に言うと芸妓、娼妓紹介業。芸妓というのは芸者で、娼妓というのは、いわゆる売春婦の方です。

そういう親御さんの下で宮尾さんは育って、いろいろな経験、嫌な思いもしているんですけれど、その中で戦争中の話もあるんです。当時の農村は、食べ物の心配はないけれども、現金収入がないんですね。それで娘を紹介業者のところに連れてくる。ちなみに宮尾さんのお父さんは、業者としては非常に良心的にそういう女性を扱っていたらしいんです。当時の金額で、だいたい千円くらいの値段になっていたと。それが満州事変が起こったら急に高くなって、三千円になったとか五千円になったとか、非常にリアルに書いていらっしゃる。

同時にそれは、朝鮮半島でも起こっていたはずなんですよ。そういう中で強制的に軍隊が連れて行くわけがない。

**小堀**　私も「従軍慰安婦」という言葉を最初に聞いたとき、なぜ「従軍」と「慰安婦」という言葉がくっつくのか、不思議でしたね。

**渡部**　そうです。われわれの世代からすると、おかしいと感じるんですよ。

**小堀**　その表現だけをもって、「アレ？　これは裏に何かあるぞ」ということに気がつかなきゃいけない。

## 敗戦利得者という売国奴

**渡部**　そういう反応をしなかった政府首脳というのは、自民党も、あのころは頭の上が腐っていたんでしょう。

**小堀**　知らないはずがないと思うのですがねえ。まぁ結局これも、敗戦利得者ですね、あの人たちは。

**渡部**　そうですね。

**小堀**　占領軍に追従することでもって、占領下という異常な状況の中で政界に地位を築いてきた。これを後生大事に守るために東京裁判史観、つまり日本悪者史観を簡単に崩すわけにはいかないんです。

**渡部**　そうなんですね。自分たちの足場なのです。

**小堀**　それにしがみついて、辛うじて政治的生命を保っていたという人たちですから仕方ない。でも私は言葉は激しいかもしれませんけれど、そういう人たちこそ本当の売国奴だと思うんです。

**渡部**　あるいは国賊と言ってもいいですね。国の名誉という観念がすぽっと抜けているんです。

**小堀**　戦地には売春婦がいたでしょうし、それを兵隊たちはもちろん買ったでしょうけれど、そんなことは常識で考えれば、早い話が文豪ヴィクトル・ユーゴーの『レ・ミゼラブル』という有名な文学作品にも出てくることなんです。そんなことも知らないのかなという気がいたしますね。

**渡部**　私は、日本軍が占領地で売春業を行わせたというのは、ある意味で言えば、道徳的なことだったと思えるのです。というのは、他の国の軍隊は占領地の女を徴集するんですよ。

**小堀**　そうですよね。現地の女性に害が及んでは気の毒だという発想があった。

**渡部**　これほど残酷なことはないと思います。ところが日本軍の場合は、それは絶対やらなかった。すでに自分の国にある売春業者に商売をさせて、兵隊さんはそこで金を使って、占領地の女性には手を出さないようにしていた。その結果、戦争が終わった後に、「日本兵の落とし子」などというものは、ほとんど出なかったわけです。ところが韓国の場合は、あの短い参戦期間だったベトナム戦争でも何万といるんです。

**小堀**　そうらしいですね。

**渡部**　戦後、日本に来たアメリカ兵の場合もそうですよ。

**小堀**　私も占領時代には物心がついておりましたから、アメリカ軍が進駐してきて、日本に何を要求したかということは覚えています。日本軍はアメリカの占領軍とはまるでやり方が違う。これはむしろ立派なことじゃないかと感じます。

**渡部**　「比較として」で言えば、立派ですね。

**小堀**　「比較的に言えば」ですね。

## 報道の倫理すら守れない朝日

**渡部**　名前を挙げて悪いようだけれど、吉見義明という人は非常にけしからん人です。吉田清治に劣らない。あの人は朝日新聞に、日本軍の関与した「従軍慰安婦」に関する証拠が見つかったと記事を書かせたんです。そしたらそれだけで、当時の官房長官が謝った。その人が書いた話が今、アメリカの教科書にも載っている。本当は「軍の名前を悪用して売春婦の募集をするな」という主旨のもので、「軍の関与」と言っても、悪質な募集をやめさせるための関与だったのです。

**小堀**　朝日はそのとき、本当にそういう資料が見つかったのか、詳しく調べてみるべきだったんですよ。それをいきなり、「関与の資料が見つかった」という知らせを早呑み込みしてしまったわけでしょう。そういうものが見つかったら、まずどの程度の信憑性があるか検証してみないといけない。これが報道機関としての務めですよ。

**渡部**　報道の倫理が守られていないのです。何のためのデスクですか。デスクはそういう情報が来たら、「ちょっと調べろ」とか「根拠は何だ」とかいうことを言わなきゃいけない。僕は「報道」と「意見」には天地の差があると思います。意見というのは、いい加減なことであっても、言うのは自由です。しかし報道というのは、一般の人から見ますと、最高裁判所の判断と同じようなものなんですよ。

**小堀**　読者から見ましても、「新聞に載っているんだから事実なんだろう」と、こういう受け取り方になりますからね。

**渡部**　本当に報道とは厳かなものなのです。それが分からない。ただ幸いなことは、最近、新聞同士の批判というものが起こるようになっている。そうすると、朝日新聞を恐れず批判する人が次から次へと出て、そういう流れが強くなっている。今回の従軍慰安婦問題で朝日が天下に信用を失うような結果も、そこにつながっていると思うのです。

**小堀**　そういうことですね。やはり新聞記事を検証し批判するという、その言論の自由は非常に大事ですね。

**渡部**　新聞同士がケンカしてもらえれば、かなりありがたいんですよ。

**小堀**　例の南京事件にしたってそうなんです。戦争中、子供向きの、それこそ講談社の絵本などにおいても、陥落直後の南京が、いかにのどかであったかということは書かれていたことです。戦地から帰ってきた応召の兵士から、直接話も聞いておりました。

**渡部**　そうなんです。あのころの絵本や雑誌にはね。

**小堀**　それこそ従軍作家も行っておりましたからね。彼らが戦争中にいろいろなレポートを書いておりました。私はそれを読んでおりましたからね。東京裁判で突然「南京大虐殺」という話が出てきたとき、これは裏に何か悪い魂胆があるなと、すぐにピンときました。その当時の新聞が占領軍のきびしい検閲体制の下でただちに東京裁判を批判できなかったのは仕方がないことですが、主権を回復して、言論の自由も回復できたときに、なぜあの東京裁判における南京事件の扱いを批判する新聞記者がでなかったのか。これを非常に残念に思います。

## マッカーサーが最高の歴史修正主義者だった

**渡部**　結局、マッカーサーが最高のリビジョニスト（歴史修正主義者）だった。

**小堀**　そういうことになりますね。マッカーサーの歴史修正にはすでに一九四八年にチャールズ・ビアードがアメリカ歴史学の立場から裏付を与えていました。これが「ルーズベルトの責任」と題して日本語に訳されたのは初版刊行後六十四年も経った平成二十三年のことでしたが。

**渡部**　東京裁判が終わってから二年くらい後、マッカーサーはアメリカに呼び戻されて、上院で証言しているわけです。そこで「日本は主として自衛のために、石油のために戦争に入ったんだ」と証言している。そのころには、日本にも報道の自由があったわけですから、それを記事にしてもらいたかった。

**小堀**　そうですね。あのときチャンスを逸したというのが、もう残念でたまりません……。

**渡部**　そのことは確かニューヨーク・タイムズに全文が出て、朝日の縮刷版にも、一応は入っているそうです。

**小堀**　そうですか。

**渡部**　ただ最近、僕のところに来たある新聞社の方がいます。彼が言うには、今の朝日の縮刷版からは、その部分が抜いてあるそうです。意図的に日本人が恥をかくように、朝日新聞は仕組んでいると断定してもいいでしょうね。

**小堀**　なるほどね。

**渡部**　私はこれから「リビジョニスト・マッカーサー」というのを宣伝しようと思っています。「リビジョニストの一番の親玉はマッカーサーですよ」、そういうことを世の中の人々に、広く知ってもらいたい。マッカーサー自身が、「あれは自衛戦だ」と言っているんです。あなたはマッカーサーよりあの戦争を知っているんですか、と。また南京事件にしたってそうなのです。あなた、蔣介石よりも詳しいんですか、と。蔣介石は「南京大虐殺」のような話は、一言も言っていませんでしたよ。

**小堀**　本当にそうですね。

**渡部**　だから本当にわれわれは、この前の戦争に関しては、日本人をあげてリビジョニストにならなければならないですよ。そしてそれに対するアメリカの批判があったら、マッカーサーの名前を出して、「マッカーサーが一番のリビジョニストです」と言えば、向こうだって、すぐにやめるわけです。

**小堀**　リビジョニスト、つまり歴史修正主義者というのは、今までは連合国の側からの私共国連憲章史観に疑義を呈する一派への誹謗中傷の言葉になっておりました。けれど、冗談じゃありません。われわれはむしろ、歴史修正主義を誇りを以って名乗ろうではないかと最近は主張しております。歴史修正主義の戦いをすることが、これからの、いわゆる歴史戦なんですね。

**渡部**　大人が本気でやらなければいけない。「南京大虐殺」も朝日新聞がなかったら、こんなに広まらなかった。

**小堀**　そうですよ。

**渡部**　朝日新聞の本多勝一という記者がいけないいんです。しかし彼だけ責めてもいけないですね。彼が書いたものを、検討もしないで紙面に載せたんですから。

**小堀**　新聞社の重大な責任ですよね。

**渡部**　あるいは意図的にやったのかもしれませんし。ですから朝日新聞は読者に謝るだけじゃなくて、世界に向けて、日本の名誉を回復するために謝ってもらいたいんです。読者だけに謝ったって仕方がないでしょう。

**小堀**　少なくとも「従軍慰安婦」問題は、完全にわが社の誤報であったということを、朝日新聞自らが世界に向かって広く報告してもらいたいということですね。

**わたなべ・しょういち**◎上智大学名誉教授。一九三〇年山形県生まれ。一九五五年上智大学大学院修士課程修了。ドイツのミュンスター大学、イギリスのオックスフォード大学に留学。ミュンスター大学哲学博士（一九五八年）、同大学名誉哲学博士（一九九四年）。深い学識に裏打ちされた鋭い評論で知られる。第二十四回エッセイストクラブ賞、第一回正論大賞受賞。

**こぼり・けいいちろう**◎東京大学名誉教授。一九三三年東京生まれ。一九五八年東京大学文学部独文科卒業。一九六一～六三年旧西ドイツ・フランクフルト市ゲーテ大学に留学。一九六八年東京大学大学院博士課程修了、文学博士学位取得。東京大学助教授、同教授、明星大学教授を経て、現職。

# 第二章

特別寄稿

## 朝日新聞を残すことは日本の大問題

拓殖大学客員教授　藤岡信勝
ジャーナリスト　髙山正之
東京基督教大学教授　西岡力
ジャーナリスト　水間政憲

# 朝日「慰安婦報道」の検証はいかになされるべきか

拓殖大学客員教授
藤岡信勝

## 責任を糊塗する第三者委員会の報告書

朝日新聞が委嘱した社外の識者やジャーナリストなどからなる「朝日新聞社第三者委員会」は、その委員の顔ぶれが朝日の「お友だち」というべき人々で、私はこの委員会の報告書にほとんど期待していなかった。中込秀樹委員長（元名古屋高裁長官）は出発に当たる記者会見で、廃刊を含む厳しい勧告もあり得るかのように臭わせていたが、所詮ポーズに過ぎない。むしろ、この人々がどのように朝日の日本国民に対する「犯罪行為」をかばい、責任を糊塗するかということのほうに関心があった。

昨年十二月二十二日、報告書が公表された。案の定、予想通りの内容が多かった。一番ひどいものは、林香里・東大大学院教授の、海外に与えた影響に関する調査である。海外への影響を海外メディアへの影響というふうに具体化・限定して調査している。そこまではいい。しかし、調べているのは、朝日新聞の個々の記事がどの程度引用されているか、ということである。そして、結論は、朝日の記事が海外のメディアに与えた影響は限定的であった、というものである。

これは欺瞞《ぎまん》的論理である。どこの世界に、あることを論じたり報道したりする際に、最初に報道した新聞記事をいちいち引用するメディアがあるだろうか。学会の専門誌の論文ならば、最初にそのアイディアを提出した人の論文に言及したり引用したりすることが必須である。メディアの世界はまったく次元が異なる。海外のメディアが朝日の最初の吉田清治の記事をいちいち引用して話を始めることなどありえない。だから、林教授の調査の方法を使えば、書かれているような結論になることは自明なのである。結論は調査をやってもやらなくても同じ。誠にあほらしい限りだ。

正しい論理の運びは、①朝日の吉田証言記事→②強制連行説の成立→③外国メディアによる強制連行説の報道——となる。因果関係はこのようになっている。林教授の調査は、③を調べる時に、①とのみ関連づけ、①の結果つくり出された②の内容を無視しているのである。

## 文科省も加勢する欺瞞、ペテンの論理

実はこのような欺瞞的な論理は、文部科学省も使っている。昨年の八月五日、朝日新聞が吉田清治証言の記事を取り消したあと、「つくる会」は文科大臣に申し入れをし、まだ慰安婦についての記述が盛大に書かれている高校の教科書から、それらの記述を一掃するよう教科書会社を指導してほしいと求めた。

しかし、この申し入れを行う前に、文科省官僚は、おそらく、こういう要求が出てくることを読んだ上で先手を打った。八月十五日、下村博文文科大臣は記者会見で、朝日新聞が吉田証言を取り消したことによって、高校の慰安婦の記述を削除するよう求めることはしない、と表明した。その理由は、吉田の証言を記載している教科書はないから、というものであった。

これが林教授とまったく同型のペテンであることは、わかりやすい道理である。①朝日の吉田証言記事→②慰安婦問題の成立→③教科書の記述——こうした因果関係にあるので

あって、①の吉田清治の証言が教科書に載っていないから訂正の必要がないというのは、あまりにも人を食った話である。文科大臣には、文科官僚のいいなりにならず、もっと見識を発揮していただきたかった。残念である。

朝日新聞の記事の影響に関して、正しい扱いをしているのが、もう一つの民間の検証機関である「独立検証委員会」である。こちらのほうは、「朝日新聞『慰安婦報道』に対する独立検証委員会」というのが正式名称で、中西輝政・京都大学名誉教授を委員長とし、西岡力・東京基督教大学教授も参加して、朝日の第三者委員会の検証報告が出たあと、活動を開始した。

同委員会は、二月十九日に報告書を公表した。その報告書も、朝日新聞の慰安婦報道が対外的にもたらした影響について調査・分析している。しかし、そこでは、朝日の個々の記事ではなく、その記事がつくり出した説を、たとえば「九二年一月強制連行プロパガンダ」という言葉にまとめて、その影響が、米紙、韓国紙、国連、北米にどのような影響を与えたのかを調べている。これこそ当然の、まっとうな調査の手続きである。

二つの報告書を比べ読みすれば、第三者委員会が朝日の悪事の隠蔽・擁護のための機関であったことが歴然とする。

## 第三者委員会ですら指摘した議論のすりかえ

朝日の第三者委員会は、前述したような重大な欠陥を含んでいたが、かといってまったく評価に値しないかといえば、そうではない。最も重要なことは、一九九七年三月三十一日付朝日の検証記事が、「強制連行」を「狭義の強制性」と呼び、それとは別に「広義の強制性」こそ問題だとするようになったことを「議論のすりかえ」と指摘したことである。報告書は、次のように書いている。

「狭義の強制性」を大々的に報じてきたことについて認めることなく、「強制性」について「狭義の強制性」に限定する考え方を他人事のように批判し、河野談話に依拠して「広義の強制性」の存在を強調する論調は（略）「議論のすりかえ」である。

正直なところ、ここまでの指摘がなされるとは予想外であった。なぜなら、朝日の右の論調が「議論のすりかえ」であるということは、結局、「慰安婦」問題とは「慰安婦の強制連行」問題だったと認めることであり、かつ、その「強制連行説」は成り立たないことを認めることである。だから、「慰安婦」問題は、これによって消滅するのである。これが、「議論のすりかえ」という指摘の論理的帰結である。

ところが、ここでも奇妙なことがおこる。報告書は、「議論のすりかえ」をせっかく指摘したのに、その論理的帰結、つまり慰安婦問題が存在しない、ということをどこでも明白に書いてはいないのである。報告書は「議論のすりかえ」の責任者も追及していない。だから、渡辺雅隆社長は記者会見で、「議論のすりかえがあったと認めるか」という質問があったのに対して、「重く受けとめています」と答えるのみだった。結局、報告書は、「ただ言ってみただけ」に終わっている。

朝日新聞は、とにかく批判をそらし静めることしか眼中になく、根本的に反省することなどありえない。それは個々の記者の主観を越えて、この新聞社が客観的に担わされてきた役割、すなわちプロパガンダによって日本を弱体化させるという目的から離れることができないからである。そのことは、その後の朝日の報道や主張の中ですぐに明らかになっている。

## 根本的な反省のないその後の報道姿勢

たとえば教科書問題である。

朝日新聞は、一月二十二日の社説で、教科書会社の数研出版が、「現代社会」など高校の公民科の教科書三点から「従軍慰安婦」の記述を削除したことを批判した。そして、同社ならびにその訂正申請を認めた文科省、さらに全教科書から「慰安婦」「朝鮮人強制連行」の記述を削除するよう指導することを文科省に求めた「つくる会」の姿勢を問題とした。

朝日社説は、数研出版の文科省への訂正申請が「誤記」の枠で認められたことをとりあげ、軍の関与の下で慰安所がつくられたことは事実であるから「従軍慰安婦」は「誤記」にあたらないと主張した。

しかし、「従軍慰安婦」という言葉は一九七〇年代につくられ、戦時中に「強制連行」された慰安婦を暗示する言葉として使用されてきた。これを裏付ける唯一の根拠は、慰安婦強制連行の下手人であったと自ら名乗り出た吉田清治の嘘の証言だった。この吉田証言を朝日新聞が自ら虚偽と断定し、記事を取り消したにもかかわらず、この期に及んでも「従

「慰安婦」記述　事実をなぜ削るのか

教科書会社の数研出版が、高校の公民科の教科書3点から「従軍慰安婦」の言葉を削除する。戦時下で将兵の性の相手をさせられた女性についての記述が、同社の教科書から消える。

記述の「誤記」を理由として文部科学省に訂正を申請し、認められた。この春から教室で使われる教科書に反映される。

例えば「現代社会」の教科書では、「強制連行された人々や『従軍慰安婦』らによる訴訟が続いている」というくだりを、「国や企業に対して謝罪の要求や補償を求める訴訟が起こされた」と直すことにした。

文科省は検定後に教科書会社が記述を訂正しなければならない場合の理由として、「誤記」「誤植」や「客観的事情の変更に伴い明白に誤りとなった事実の記載」を規則に挙げている。

「従軍慰安婦」の表現が適切かどうかという議論はあるが、軍の関与の下で慰安所がつくられたことは事実だ。安倍首相も国会で慰安婦について「筆舌に尽くし難いつらい思いをされた方々」と答弁している。それがなぜ「誤記」なのか。

数研出版は朝日新聞の取材に「より客観的な事実関係を述べるように見直した」と答えた。

自社サイトでは「高校の先生へ」として「客観的事情の変更等」があったとし、生徒に必要に応じて周知するよう求めた。

だが、事情が具体的にどう変わったかにはふれていない。これでは教員もどう生徒に伝えてよいかわからない。訂正の経緯と理由を丁寧に説明すべきだ。

文科省も「誤り」ではない記述の訂正をなぜ認めたのか。「直した後の記述が間違いでないため認めた」というが、こちらも説明する責任がある。

教科書各社の関連記述をめぐっては、「新しい歴史教科書をつくる会」が昨年9月、「慰安婦」「強制連行」の記述の削除や訂正を教科書会社に勧告するよう文科相に求めた。

朝日新聞は、慰安婦にするため女性を暴力的に無理やり連れ出したとする故吉田清治氏の証言記事を取り消した。同会はそれを挙げ「『慰安婦問題』は問題として消滅した」と主張する。だがそういった極端な主張は、日本が人権を軽視しているという国際社会の見方を生む。

慰安婦問題は日本にとって負の歴史だ。だからこそきちんと教え、悲劇が二度と起きないようにしなければならない。

論争のあるテーマだが、避けて通るべきではない。議論の背景や論点など多様な視点を示す必要がある。教科書はそのためのものであってほしい。

2015年1月22日付朝日新聞社説

軍慰安婦」という言葉に正当性があると主張することに驚きを禁じえない。

「つくる会」は朝日の社説の主張に真っ向から反論する文書を出しているので、同会のホームページなどで参照していただきたい。前述の社説からわかることは、朝日は何ら変わっていないということである。だから、新しい標語の掛け札をつくってみた。

「朝日新聞、本日も反省なし」

**ふじおか・のぶかつ**◎一九四三年北海道生まれ。自由主義史観研究会代表。北海道大学大学院教育学研究科博士課程単位取得。北海道教育大学助教授、東京大学教授、拓殖大学教授を歴任。一九九七年「新しい歴史教科書をつくる会」の創立に参加、現在同会理事。

# 朝日新聞は日本人をおとしめ、数兆円の実害も出してきた。損害賠額は1兆円が相応しい

ジャーナリスト
髙山正之

## 慰安婦デマで実害を受けている日本人

「私は九百五十人の女を拉致した。うち二百人は済州島でさらった」「中国に出た日本軍将兵は例外なく彼女らを性奴隷にし、一日に何十人も相手をさせる虐待を続けた。生きて戻った者はいなかったでしょう」と吉田清治は言った。吉田がさらい、ほかに日本軍がさらって性奴隷にした被害女性は二十万人に上ると朝日新聞は三十年も書き続けた。

仮に二十万人として、支那派遣軍はたとえば終戦時、二十八個師団、三十六旅団の計百

五万人がいた。彼らが全員戦争を放り出して毎日、性奴隷を弄《もてあそ》びに行ったとしても、性奴隷一人が相手をするのは五人にしかならない。「何十人も相手させられ、ぼろきれのように」という数字からして成立しない。支那戦線は毎日が休日でもありえない。

そんないい加減な嘘をもっといい加減なクマラスワミが国連に本当の話だと報告（一九九六年）し、マクドゥーガル報告書（九八年）がそれを追認し、米下院決議百二十一号（二〇〇七年）を加えて国際社会に定着させてしまった。

「いやあ、お粗末でした。われわれも吉田清治の嘘を見抜けなくて」と木村伊量《ただかず》が頭をかいて詫びたが、それですむ話ではない。すでに在米邦人子弟が韓国の流す慰安婦デマによる中傷やいじめを受け、関係父兄二千人が二月中旬、朝日新聞を相手に訴訟を起こした。

日本でも同様の苦痛を受けた人たちがそろって朝日に損害賠償請求の訴えを起こした。訴状では「日本人の名誉を著しく損ない、日本国の尊厳を傷つけた」償いとして、「原告一人当たり少なくとも一万円」の賠償額を明示したが、朝日の虚報犯罪は慰安婦だけにとどまらない。書き立てたさまざまな嘘は日本人の名誉を傷つけるとともに、日本に兆単位の実害を呼び込んできた。

# 慰安婦以外にも朝日は別な嘘を育てた

慰安婦問題は朝日新聞一九八二年九月二日付の「朝鮮の女性　私も連行」という吉田清治の作り話から始まった。

冒頭に書いた「中国にいた日本人兵士はみな性奴隷を弄んだ」という、読めば分かる嘘はこの最初の記事にある。しかし朝日はその嘘を承知で、たとえば松井やよりは「釜山でも六人の女が拉致された」と一九八四年十一月二日付夕刊で報じた。一九八三年十一月十日付朝刊では吉田清治を世に出した清田治史《はるひと》がまたコラムで吉田を取り上げ、「国家による人狩りが歴史の闇に葬られようとしている。戦争責任を明確にしない民族は再び同じ過ちを繰り返すのではないか」ときいたふうな口を叩いている。

慰安婦の嘘を育てる一方で、朝日は別の嘘も育てた。

その一つが松井やよりの与太記事が出る一カ月前の十月六日付の「旧日本軍の武漢攻略戦・毒ガス攻撃の部隊報告発見」だ。文書は米議会図書館から見つかったといい、主成分は「ジフェニルアルシンで、呼吸器に作用する致死性の毒ガス」で、日本軍はそれを「四万発も使った」と書いた。さらに十月三十一日付朝刊一面に「これが毒ガス作戦」の見出しで添えられた三段抜きの写真には、水田の先に数百メートルにわたって濃密な煙がもくもくと立ち上がっている。それが「旧日本軍がイペリットを含む大規模な化学戦をしていたことを裏付ける」証拠写真で、南昌の渡河作戦のおりの光景だと元将校が証言。さらに従軍経験を持つ一橋大教授藤原彰が「そうです。これが毒ガスです」と志村けんのようなコメントをつけていた。

「これが毒ガス作戦」と元将校

当時の日本軍部内写真を公表

恐怖の煙幕

白煙の手前にアリのように見えるのが日本軍の兵士。写真を公表した元将校Aさんは「やや後方から作戦の全容を見ていた」という（中央の線は見開き写真のとじ目部分）



1984年10月31日付朝日新聞

新聞と大学の偉い教授が一緒に嘘をつくと思わない。読者は旧日本軍が国際条約で禁止されたイペリットを使ったと信じてしまう。しかしまともな記者だったら疑う。イペリットは第一次大戦時、ベルギーのイーペル村で独軍が初めて使った毒ガスで、事典には「無色または黄みを帯び、空気よりやや重い気体」とある。気づかれずに地表を這うように広がり、塹壕《ざんごう》内に流れ込んで兵士を殺せた。しかし写真の煙はもくもくと天に昇っていく。カラスだって逃げてしまう。産経新聞もその嘘を見抜いて「これは煙幕だ」と朝日の嘘を社会面トップで暴いた。

## 恥ずかしくもなく旧軍の毒ガス説を流布

朝日は不承不承訂正した。しかし実にこすかった。訂正記事は「化学戦の場所が南昌ではなく新墻河《しんしょうが》だった」と。毒ガス戦をにおわす化学戦はあったことにした。産経新聞はこのこすい嘘を許すかどうかもめた。はっきり「毒ガスではなかった、ごめんなさいと書かせるべきだ」と。しかし編集局トップは「朝日も新聞人だ、そこまで悪意はないはずだ」と追及を禁じた。片方で吉田清治の嘘を続ける朝日が、まともな新聞人であるはずもない。朝日は思った通り、以後も恥ずかしげもなく「日本軍は毒ガスを使った」と言い続けた。

二〇〇三年に茨城県神栖町（現・神栖市）の井戸水から砒素が出た。分析したらジフェニルアルシンが出た。武漢作戦で朝日が毒ガスだと言った物質だ。案の定、朝日は「原因は旧日本軍がその辺に毒ガスを遺棄した」と決めつけて騒ぎ、環境省に数千万円を使わせて地下水の調査をやらせた。一年半後、汚染源が突き止められた。朝日が大取材陣を敷く中で発掘が行われ、巨大なコンクリート塊が出てきた。中を開けてみたら、今どきのゴミの山が出てきた。決定的な証拠は一九九三年製造のサントリーの缶乳飲料「草原物語」も入っていて、少なくとも九〇年代後半の産業廃棄物と分かった。

旧日本軍の毒ガス説は消えたが、後始末の公害等調整委員会は十二年五月、「旧日本軍の毒ガスの原料を何者かがここに遺棄した」というとんでもない事実認定をして、約三千万円の公金を被害者に支払えと命じた。もともとは水道代をケチった住民が井戸を掘って、義務付けられた水質検査もせず飲用にしたのが発端だった。あまり同情の余地もないが、可哀相だし、まあ医療費に当てればという温情裁定だが、その口実に旧日本軍が毒ガスをつくったことにされた。しかも朝日がずっと言い続ける毒ガス「ジフェニルアルシン」は実はただの催涙ガスで、間違っても毒ガスとは言わない。朝日自身、バンコクでのデモ制圧にジフェニルアルシンが使われても「催涙ガス」と報じる。しかし旧日本軍が関わればあざとく「毒ガス」と書いてきた。目的は一つ、日本と旧日本軍をおとしめるためだ。

## 朝日のせいで支那にたかられる日本

それに支那が目をつけた。「日本軍が遺棄した砒素系の毒ガスで黒竜江省の住民が死傷する被害を受けた」などと言い出した。砒素系の毒ガスとは「あか弾」と呼んだ催涙弾のことだ。別に違法でもない。おまけに戦後、それを支那軍、ソ連軍に引き渡した。その引き渡し文書も残っている。にもかかわらず訴訟を受けた東京地裁は朝日方式で「毒ガス」と認定し、「遺棄した」かどうかも確認しないで、「日本政府は総額一億九千万円を支払え」(二〇〇三年九月)と命じた。

幸い控訴審、最高裁も原判決破棄を命じたが、その間に北京政府は一九九七年発効の化学兵器禁止条約により、日本は七十万発ともいう遺棄化学兵器処理をせよと要求してきた。日支間の請求権は七二年の日支共同声明でとっくに消滅している。おまけに化学兵器を遺棄した事実もない。にもかかわらず九九年には日本政府は年間一兆円も出して支那で毒ガス弾処理をすることを約束した。今後の分も入れれば総額六十兆円にもなる。

なんでそんな馬鹿が行われたのかは慰安婦と同じ構造だ。朝日が従軍慰安婦を捏造し、宮沢喜一に責任を語らせたのと同じで、ただの催涙弾を毒ガスに仕立て、遺棄の事実にも目をつぶらせて小渕政権に処理を引き受けさせた。

旧日本軍をおとしめた上に、将来にわたって日本人に大きな経済負担を背負い込ませた朝日には、その責任を取らせるのが筋だ。毒ガス処理の取り決めを破棄した上で、処理費として支出した一年分、一兆円くらいは朝日新聞に賠償させていい。

**たかやま・まさゆき**◎一九四二年生まれ。東京都立大学卒業後、産経新聞社入社。社会部デスク、テヘラン、ロサンゼルス各支局長などを歴任した。二〇〇一年から〇七年まで帝京大学教授。著書に『プーチンよ、悪は米国に学べ』（新潮社）など。

# 独立検証委員会が明らかにした朝日の責任

東京基督教大学教授
西岡 力

## だから私たちは独立検証委員会を立ち上げた

朝日新聞の慰安婦報道「第三者委員会」は昨年十二月二十二日付の同紙で、その調査報告書を公表した。同報告書は朝日新聞が抱えるさまざまな問題点をある程度指摘しており、その点は評価できる。しかし朝日の慰安婦報道がおかしくなった背景への分析がなく、その上、国際社会に与えた影響を分析する部分では、委員会としての見解をまとめられず、各委員の異なる見方が併記されるなど、不十分なものといわざるをえなかった。

そこで私たちは昨年十二月に、以下のメンバーで朝日新聞「慰安婦報道」に対する独立検証委員会を発足させた。

中西輝政　京都大学名誉教授（委員長）
西岡力　東京基督教大学教授（副委員長）
荒木信子　韓国研究者
島田洋一　福井県立大学教授
高橋史朗　明星大学教授
勝岡寛次　明星大学戦後教育史研究センター（事務局長）

独立検証委員会は「朝日および『第三者委員会』の検証の問題点」と「朝日の『慰安婦報道』が対外的にもたらした影響」について、検証を行ってきた。

二月十九日、私たち独立検証委員会は報告書を公表した。ここでは私が書いた全体の結論部分を肉付けする形でその内容を紹介したい。

朝日は慰安婦問題を一九八〇年代以降、報じ始め、九一年に大阪本社を中心として大キャンペーンを行なった。日本のほかのマスコミは朝日に先導される形で、次第にキャンペーンに加わった。

## データベースから見えてくること

新聞記事のデータベースで「慰安婦」と検索して出てくる記事数をまとめると、一九八〇年代後半から河野談話が出た九三年までの各紙の慰安婦報道は以下のようになる（＠niftyビジネス新聞・雑誌記事横断検索のデータベースを使った）。

データベースで検索することができる一九八五年から八九年までの期間を見ると、全体の四十二本のうち朝日が三十一本で、全体の四分の三を占めている。九〇年に朝日は慰安婦報道を増やし、一年間で二十三本掲載した。九一年になって大キャンペーンを行い、同年には百五十本の記事を出した。九二年から各社が朝日を追いかけるようにして、一挙に多くの慰安婦報道を始めた量的な流れがよく分かる。

朝日の九一年の百五十本の記事のうち、大阪本社（関西地方版含む）発のものが六十本あった。これは同年の朝日記事の四〇％、全国紙など全体の二五％を占める。大阪本社には外報部や政治部はない。

## 表　日本マスコミの慰安婦報道

| 年／媒体 | 1985～89 | 90 | 91 | 85～91 小計 | 92 | 93 |
|---|---|---|---|---|---|---|
| 朝日 | 31（74%） | 23（77%） | 150（60%） | 204（63%） | 725（42%） | 424（41%） |
| 読売 | 11 | 2 | 23 | 36 | 293 | 200 |
| 毎日 | 0 | 5 | 66 | 71 | 567 | 297 |
| NHK | 0 | 0 | 13 | 13 | 145 | 108 |
| 計 | 42 | 30 | 252 | 324 | 1730 | 1029 |

それなのに慰安婦報道をこれだけ多くしたのは意図的なキャンペーンだったと言っていいだろう。なお、六十本のうち半分以上の三十五本は、大阪本社の企画である「女たちの太平洋戦争」の記事であった。

そこには、吉田清治による慰安婦狩り虚偽証言、女子挺身隊制度で慰安婦を動員したとする誤報、植村隆記者による元慰安婦経歴ねじ曲げ、「軍関与」資料発見記事のイメージ操作など、多くの事実誤認がふくまれていた。裁判の利害関係者に関係する記事を書かせるというマスコミ倫理上の問題もあった。

## 大阪本社主導で動いた慰安婦キャンペーン

事実誤認多発の理由は、朝日が言うような研究不足のためだけではない。朝日が戦前の日本軍に対して非常に偏った見方を持っていたことが大きく作用したことは否定できない。この偏った見方は大阪本社が一九九一年に行った連載企画で拡散し、九二年一月以降は東京本社もそれに同調した。

朝日新聞の中で慰安婦キャンペーンを主導したのは大阪本社だった。一九九一年、大阪本社は、朝日放送と組んで「女たちの太平洋戦争」という大型企画を行った。戦争を体験した女性から手記を募集し、それを連日掲載し続けた。この企画の中で、大阪本社版は九一年に二回にわたり吉田清治の慰安婦奴隷狩り証言を詳しく報じた（「従軍慰安婦　木剣をふるい無理やり動員」五月二十二日付と「従軍慰安婦加害者から再び証言　乳飲み子から母引き裂いた」十月十日付。この二本とも井上裕雅編集委員の署名記事）。また、植村隆記者が、名乗り出た元慰安婦女性の経歴を書いた問題記事の二本のうち一本（十二月二十五日付）はこの企画の記事だった。

本報告第二部で詳しく分析したように、この大型企画は、元軍人らに対するかなり偏った認識の下に行われた。その企画の責任者が、大阪本社企画報道室長の北畠清泰氏だった。北畠氏の考え方を紹介してその偏った認識を確認しておく。彼は企画連載の最終回（十二月三十一日付）で、元軍人らが女性の性を蹂躙《じゅうりん》できたことを懐かしんでいると次のように書いた。

大戦時の異常さを、ひそかに懐かしんでいる者が、この社会のどこかに身をひそめていないか。一般社会の階層秩序が通用しない軍隊なればこそ、人を遠慮なく殴打できた者。平時の倫理が無視される戦時なればこそ、女性の性を蹂躙できた者。通常の権利が無視される非常時なればこそ、うまく立ち回って飽食の特権を得た者。（略）そうした人たちがいて、戦時に郷愁の念を抱きながら、口を閉ざし続けている。

このような偏った認識があるから、本報告で詳しく批判する吉田清治証言や元慰安婦に関する植村隆記事などを同企画で大きく報じたのだ。また、赤子を抱く母親を連行してレイプしたなどという荒唐無稽な吉田証言を事実と信じたのだ。北畠氏らからすると多くの元軍人らは吉田清治のような犯罪を犯しながら、それをひそかに懐かしみながら沈黙している悪人なのだ。

北畠氏は同企画が終わった直後の九二年一月十日に、論説委員となり、大阪本社だけでなく、朝日全体の慰安婦報道を誤った方向に導く役割を果たした。「女子挺身隊として慰安婦を強制連行した」と事実誤認を書いた一九九二年一月十二日の社説は北畠氏が書いた可能性がある。一月十一日の「軍関与資料」記事を担当した鈴木規雄デスクは、やはり大阪本社から九一年十月に東京に移ってきて大阪の慰安婦報道の熱気を拡散させたという証言もある。

## いまだに国際社会は強制連行を信じ込んでいる

その結果、一九九二年一月十二日前後に、「日本軍が女子挺身隊の名で朝鮮人女性を慰安婦にするために強制連行した」という「九二年一月強制連行プロパガンダ」が完成した。韓国紙、米国紙はそのプロパガンダに乗って、九二年一月から慰安婦強制連行報道を精力的に行った。韓国紙は同年一月十四日に、「十二歳の小学生まで慰安婦にした」という誤報をして韓国内でプロパガンダを定着させた。

国内では一九九二年以降、朝日批判が開始され、九六年ごろから産経、読売も朝日批判に加わり大論争となった。その結果、プロパガンダは事実ではないことが証明された。ところが、朝日は九七年三月に「本質は強制連行ではない」という「広義の強制性」論を展開し、自社が九二年プロパガンダを広めた責任を回避した。

朝日が二〇一四年に至るまで事実誤認記事の取り消し・訂正をしなかったことと、外務省が事実に踏み込んで反論をしなかったことなどにより、韓国、米国をはじめとする国際社会ではいまだに「九二年一月強制連行プロパガンダ」が事実であるかのごとく拡散している。米国では各地に慰安婦碑が設置され、歴史教科書にもプロパガンダがそのまま記述されている。韓国紙は最近まで吉田清治証言を強制連行の証拠として挙げている。

朝日は二〇一四年八月の検証特集でも、「九二年一月強制連行プロパガンダ」を内外に広めた責任を認めなかった。また、第三者委員会もプロパガンダが今も世界に広がり、日本の名誉を傷つけているにもかかわらず、朝日の責任を回避する議論に終始した。朝日と第三者委員会委員は慰安婦問題が国際的に女性の人権問題としてとらえられていると強調したが、米国主要紙では、そのような見方は一切なく、慰安婦制度を日本に特有のシステ

慰安婦問題 どう伝えたか

本紙報道前に政府も存在把握

「軍関与示す資料」

当時は研究が乏しく同一視

「挺身隊」との混同

記事に事実のねじ曲げない

「元慰安婦 初の証言」

他紙の報道は

読者の疑問に答えます

強制連行

自由を奪われた強制性あった

「済州島で連行」証言

裏付け得られず虚偽と判断

慰安婦問題とは

2014年8月5日付朝日新聞

ム（uniquely Japanese system）として扱う記事が大部分だった。

ただし、第三者委員会は一九九七年の広義の強制性論議は「議論のすりかえ」だと核心に触れる批判をした。私たち朝日を批判する専門家の意見と一致する批判だ。しかし、朝日はその批判を「重く受け止める」というのみで、受け入れていない。

私たち独立検証委員会は、朝日に対して「九二年一月強制連行プロパガンダ」と一九九七年の「議論のすりかえ」が、どのようなプロセスでつくられていったのか、記者、デスク、担当部長、社長らの責任を、実名を挙げて明らかにすることを求める。また、いまだに国際社会に蔓延しているプロパガンダを消し去るため、朝日が応分の負担をすることを求める。

日本政府に対しても、国際社会に拡散している「九二年一月強制連行プロパガンダ」に対して事実に踏み込んだ丁寧な反論を組織的かつ継続的に行うことを求める。そのために、政府内に専門部署を置くとともに、民間専門家の意見を集約するための有識者会議を設置することを求める。

**にしおか・つとむ**◎一九五六年、東京都生まれ。国際基督教大学卒業、筑波大学大学院地域研究科修了(国際学修士)。韓国・延世大学国際学科留学。八二〜八四年、外務省専門調査員として在韓日本大使館勤務。九〇〜二〇〇二年、月刊『現代コリア』編集長。「北朝鮮に拉致された日本人を救出するための全国協議会」会長も務める。

# 戦後七十年目に朝日新聞と国民の最終歴史戦の火蓋はきられた

ジャーナリスト
水間政憲

## 捏造見出し作成が記者の仕事か

朝日新聞「慰安婦八・〇五」問題は、自ら「反日謀略新聞」だったことを、世界に公言したことと解釈できるでしょう。

朝日新聞お手盛りの「第三者委員会」が二〇一四年十二月二十二日に発表した報告書の中で、核心を衝いたものがありました。それは、岡本行夫委員が「何人もの朝日社員から『角度をつける』という言葉を聞いた。『事実』を伝えるだけでは報道にならない、朝日新聞としての方向性をつけて、初めて見出しがつく」と語っていたことです。その「角度」、すなわち「捏造見出し」を代表した記事が、一九九二年一月十一日付朝刊一面トップ「慰安所 軍関与示す資料 部隊に設置指示 募集含め統制・監督」です。この記事は、宮沢喜一首相（当時）の訪韓を狙い撃ちにしたことで、初めて政府が公式謝罪に追い込まれることになった「謀略記事」だったのです。

朝日新聞 1992年（平成4年）1月11日 土曜日

慰安所 軍関与示す資料

防衛庁図書館に旧日本軍の通達・日誌

部隊に設置指示

募集含め統制・監督

参謀長名で、次官印も

「民間任せ」政府見解揺らぐ

1992年1月11日付朝日新聞

このとき発見されたと称する資料は、「悪徳業者が慰安婦募集に関して跳梁跋扈《ちょうりょうばっこ》しているから軍は警察と協力して取り締まれ」との趣旨の文書でした。関与は関与でも「善意の関与」だったのです。

ところで、二〇一五年元旦の朝日新聞の社説「グローバル時代の歴史『自虐』や『自尊』を超えて」は、直接「慰安婦問題」には触れていませんが、日中韓の歴史問題に関して「東アジアに垂れ込めた雲が晴れないのも、日本人や韓国人、中国人としての『自分』の歴史、ナショナル・ヒストリーから離れられないからだろう」と述べ、「慰安婦問題」を前提に論述しているととらえることのできる内容でした。

この社説は、戦後七十年の朝日新聞の歴史問題に対する基本的な姿勢が端的に現れています。「国ごとの歴史（ナショナル・ヒストリー）では間に合わない」と、国内の歴史検証を否定的にとらえ、「すべての人が多くの事柄を共有するとともに、全員が多くのことを忘れている」「歴史研究の進歩はしばしば国民性にとって危険です」という、フランスの思想家エルネスト・ルナンの言葉をつまみ食い的に紹介して、国民国家の成り立ちや民族性、国民性の問題と〝朝日の慰安婦捏造報道〟をリンクさせているのです。しかしこの朝日の「すり替え姿勢」こそが危険なのです。

## いまだに歴史に対する認識のおかしい朝日

この記事の中から、朝日新聞の切実な思いが読み取れるのです。それは、「これ以上慰安婦問題の研究を進める事は日本（朝日新聞）にとって危険なのだ」との思いがにじみ出ているからです。そして、日中韓の歴史問題を「『自分』の歴史、ナショナル・ヒストリーから離れられないからだろう」と、無責任に判断しています。また「人と人の国境を超えた交流が急速に広がりつつあるグローバル時代にふさわしい歴史を考えようとすれば、歴史は国の数だけあってもいい、という考えに同調はできない」と、一見正論を述べているように見えますが、文化・伝統に根ざした民族性の「自分」と、朝日が先導した「捏造慰安婦」問題は、まったく関係ないのです。それを一くくりにするところが、朝日新聞の得意技なのです。

この社説の最後の部分には、「自国の歴史を相対化し、グローバル・ヒストリーとして過去を振り返る。難しい挑戦だ」ともありますが、「自国の歴史を相対化」とは、慰安婦問題に関しては、現在朝日が世界中にまき散らした「捏造慰安婦問題」が「グローバル・ヒストリー化」していることを前提にしているとも解釈でき、それを覆すことを「難しい挑戦」などと、研究者を挑発しているとも読める文章で

社説 Editorials

グローバル時代の歴史

「自虐」や「自尊」を超えて

歴史の節目を意識する新年を迎えた。

戦後70年。植民地支配をした日本と、された韓国があらためて関係を結びなおした基本条約から50年という節目でもある。

しかし今、そこに青空が広がっているわけではない。頭上を覆う雲は流れ去るどころか、近年、厚みを増してきた感さえある。歴史認識という暗雲だ。

それぞれの国で「自虐」と非難されたり「自尊」の役割を担わされたり。しかし、問題は「虐」や「尊」よりも「自」にあるのではないか。歴史を前にさげすまれていると感じたり、誇りに思ったりする「自分」とはだれか。

歴史のグローバル化

過去70年間を振り返るとき、多くの人の頭に浮かぶ歴史的な出来事は何だろうか。

震災や台風といった災害、オリンピックのような祝祭、あるいはバブル経済や政権交代かもしれない。たいていは日本の光景だろう。歴史を考えるときの「自分」とは、ふつう日本人としての「自分」だ。

しかし今、その「ふつう」が必ずしも「ふつう」ではすまない時代に入っている。グローバル時代だ。

ヒトやモノ、カネ、情報が軽々と大量に国境を越える。社会が抱える問題も国境では区切られなくなっている。金融危機や地球温暖化、感染症……。日本だけの問題ではない。被害に遭うのは多くの国の経済弱者だったり、農民だったり、人類全体だったり。解決に取り組む人々のネットワークも日本という枠におさまらない。

歴史が自分たちの過去を知り、今の課題を乗り越えて未来を切り開くための手がかりだとしたら、国ごとの歴史（ナショナル・ヒストリー）では間に合わない、ということになる。

では、どんな歴史が必要か。米ハーバード大学名誉教授の歴史家、入江昭さんは昨年出版した「歴史家が見る現代世界」の中で「グローバル・ヒストリー」の重要性を訴えている。

国や文化の枠組みを超えた人々のつながりに注目しながら、歴史を世界全体の動きとしてとらえ、自国中心の各国史から解放する考え方だ。

現代はどんな国も世界のほかの国や人とつながり、混ざり合って「混血化」「雑種化」していると指摘する。「その流れを止めたり、もともと存在もしなかった『純粋』な過去に戻ろうとしたりするのは歴史を神話にすりかえることである」

忘れるための歴史

フランスの思想家、エルネスト・ルナンが1882年、パリ・ソルボンヌ大学で「国民とは何か」という講演をした。国民国家についての古典的な考え方のひとつとされる。

そこで彼は、国民という社会を築くうえで重要なのは「忘却」あるいは「歴史についての誤り」だという。国民の本質は「すべての人が多くの事柄を共有するとともに、全員が多くのことを忘れていること」とも。だから「歴史研究の進歩はしばしば国民性にとって危険です」とまで語っている。

どんな国にも、その成り立ちについて暴力的な出来事があるが、なるべく忘れ、問題にしない。史実を明らかにすれば自分たちの社会の結束を揺るがすから――。

ナショナル・ヒストリーについての身もふたもない認識である。

そのフランスで昨年、第2次大戦中の対独協力政権（ビシー政権）について「悪いところばかりではなかった」などと書いた本が出版された。批判の矛先は、これまでの歴史研究のほか家族など伝統的な価値観の「破壊」にも向かう。ベストセラーとなった。

グローバル化でこれまで人々のよりどころとなっていた国民という社会が次第に一体感をなくす中、不安を強める人たちが、正当化しがたい時代についても「忘却」や「誤り」に立ち戻ろうとしているかのようだ。

「一種の歴史修正主義です」とパリ政治学院上級研究員のカロリヌ・ポステルヴィネさん。東アジアの専門家だ。「自虐史観批判は日本だけで見られるわけではありません」

節目の年の支え

東アジアに垂れ込めた雲が晴れないのも、日本人や韓国人、中国人としての「自分」の歴史、ナショナル・ヒストリーから離れられないからだろう。日本だけの問題ではない。むしろ隣国はもっとこだわりが強いようにさえ見える。

しかし、人と人の国境を越えた交流が急速に広がりつつあるグローバル時代にふさわしい歴史を考えようとすれば、歴史は国の数だけあっていい、という考えに同調はできない。

自国の歴史を相対化し、グローバル・ヒストリーとして過去を振り返る。難しい挑戦だ。だが、節目の年にどうやって実りをもたらすか、考えていく支えにしたい。

2015・1・1

2015年1月1日付朝日新聞

す。これが筆者の単なる思い込みでなかったことは、その直後の一月三日付の社説「日本人と戦後70年　忘れてはならないこと」で明らかにされました。

この社説は、戦争を経験した日本人が少なくなったことを前提に「社会が共有してきた記憶は薄れ、歴史修正主義とみられる動きも出てきた。だが、日本が国際社会で生きていく以上、そうした態度を押し通すことはできない」と、安倍首相の「戦争七十年談話」にくさびを打ち込む論を展開しているのです。その目玉は、村山談話を「安倍内閣まで引き継がれてきた政府の歴史認識の決定版」と絶賛している部分です。歴代の内閣で村山首相だけが異質で、それ以前は安倍首相の歴史観と近いのにもかかわらず、です。

ここで朝日新聞は安倍首相が「歴史認識については歴史家に任せるべきであろう」と公言していることに触れ、「まずは首相が歴史観を示し」と、安倍首相に歴史観がないかのように批判しています。しかし、安倍首相は終始一貫して「朝日新聞史観」を批判して、自らの歴史観を明らかにしており、「客観的な一次資料に基づく歴史観」を大事にすると公言しているのです。戦後七十年の長きにわたって、朝日新聞がGHQの手先になって繰り広げてきた「日本罪悪史観」の見直しを、「歴史修正主義」などとすり替え、安倍首相批判を行っているに過ぎないのです。

## ＧＨＱの嘘に上塗りをした朝日の姿勢

そもそも、日本人の戦後の歴史認識を規定したものは、一般に「東京裁判史観」と認知されていますが、実際に東京裁判の判決を日本人に受け入れさせるための世論誘導を行ったのは、一九四五年九月の占領直後にＧＨＱがＮＨＫを接収しスタートさせたラジオ放送でした。その中で一番悪質なのは、ＧＨＱが事実に嘘を混ぜ込んで編集・制作したＮＨＫの日本人洗脳ラジオ捏造番組「眞相箱」で、その編集に加担したのが朝日新聞だったのです。その台本は筆者が発掘・企画して小学館文庫から『ＧＨＱ作成の情報操作書「眞相箱」の呪縛を解く』（櫻井よしこ著）とのタイトルで完全復刻されていますが、この本の中では、ＧＨＱに資料を提供した団体の名称も紹介していて、しっかり「朝日新聞」とあるのです。朝日新聞の現役記者は知らないでしょうが、当時、有楽町の朝日新聞本社受付カウンターでは『星条旗新聞』（Stars and Stripes）が配布されており、まるでＧＨＱの出先機関のようなことをしていたのです。

実際、「南京大虐殺」との表現を日本人が認知した最初は、「眞相箱」の放送においてで

社説 Editorials

日本人と戦後70年

## 忘れてはならないこと

戦後70年。

アジアや太平洋の戦場で、灯火管制下の都会で、疎開先の田舎で、多くの人たちがあの戦争を経験した。

その人たちが少しずつ世を去るとともに、社会が共有してきた記憶は薄れ、歴史修正主義とみられる動きも出てきた。

だが、日本が国際社会で生きていく以上、そうした態度を押し通すことはできない。70年かけて築いてきた国内外からの信用を損なうだけだ。

### 「未来志向」とは

戦後70年にあたり、安倍首相は新たな談話を出すという。50年の「村山談話」、60年の「小泉談話」に続くものだ。

アジアだけでなく、欧米諸国も注目する談話の中身は、まだわからない。しかし、首相が繰り返し「未来志向」を強調するのが気がかりだ。

首相は過去2年の全国戦没者追悼式の式辞で、90年代以降の歴代首相が表明してきたアジアへの加害責任に触れなかった。

もし、「安倍談話」が式辞のように戦争責任を素通りしてしまったら、どうなるか。

村山談話は、植民地支配と侵略によってアジアの人々に多大の損害と苦痛を与えたと認め、痛切な反省とおわびを表明。以後、安倍内閣まで引き継がれてきた政府の歴史認識の決定版であり、近隣諸国との関係の礎となってきた。その価値を台無しにすることは許されない。

「未来志向」がいけないというのではない。だが、過去と真剣に向き合ったうえでのことでなければ、被害を受けた側からは「過去は忘れようと言っているのか」と受け取られるおそれがある。

首相はかつて「村山談話はあいまいで、歴史的価値は全くないと思うが」との自民党議員の国会質問に、「侵略の定義は定まっていない」と応じて批判を浴びた。「歴史認識については歴史家に任せるべきであろう」とも繰り返している。

史実の研究は歴史家に委ねるにしても、政治家が「あの戦争は何だったのか」という大局的な歴史観を持たずに、内政や外交のかじ取りはできない。

政府は談話づくりにあたって有識者の意見を聴くというが、まずは首相が歴史観を示し、国会で論じることが不可欠だ。

### 東京裁判でのけじめ

日本は1951年のサンフランシスコ講和条約で東京裁判を受諾し、主権を回復した。戦争責任をA級戦犯に負わせる形で国としてのけじめをつけた。この事実は否定しようがない。

首相は一昨年暮れ、A級戦犯が合祀《ごうし》された靖国神社に参拝した。昨春には戦犯として処刑された元日本軍人の法要に自民党総裁名で追悼文を送った。

東京裁判には「事後法による勝者の裁き」との批判がある。その側面はあるにせよ、日本人だけで310万もの犠牲を招いた惨禍だ。責任を不問に付すなど、できるはずもなかった。

首相に喝采を送る人たちがいる。しかし、首相の行為は単なる追悼の意味を越えて、様々な思いをのみ込みながら「けじめ」を受け入れてきた人たちをないがしろにするものである。

あの戦争を問い続けた劇作家の故・井上ひさしさんは、東京裁判には問題が多いと認めたうえでこんな言葉を残している。

戦争責任問題は、明治以来みごとな近代化を成し遂げ、戦後の焼け野原から奇跡の経済発展と平和で安全で平等な社会を築き上げた日本が、「それでも過ちも犯したんだよ」と自己反省するまたとない材料なのです。

過ちを犯したからといって卑屈になる必要はない。過ちを犯さない国家などというものは世界中どこにもないのだから。しかし、過ちを犯さなかったと強弁することは自己欺瞞《ぎまん》であり、自らを貶めることでもある。

（『初日への手紙 「東京裁判三部作」のできるまで』）

このところ政界でも社会でも、東京裁判を全否定したり、旧軍の行為をひたすら正当化したりする声が大きい。まるで、大日本帝国の名誉回復運動のように。

戦前・戦中のすべてが悪いわけではないし、「いつまで謝り続ければいいのか」という反発が背景にあるのかもしれない。

### 誇るべきはいまの姿

だが、私たちが重きを置くべきはそこではないだろう。海外での武力行使や武器輸出はせず、経済の力で途上国を援助する。これまで積み重ね、国際社会に高く評価されている平和主義の歩みこそ、日本は誇り、守っていかねばならない。

戦争責任を直視することは、父や祖父たちをおとしめることにはならない。平和主義を確かなものにすることは、むしろ先人の期待に応える道だ。

うわべだけの「帝国の名誉」を叫ぶほど、世界は日本の自己欺瞞を見て取る。この不信の連鎖は放置できない。断ち切るのは、いまに生きる者の責任だ。

2015・1・3

2015年1月3日付朝日新聞

す。「この南京の大虐殺こそ、近代史上稀に見る凄惨なもので、実に婦女子二万名が惨殺されたのであります」と、放送されていたのです。

前出の二〇一五年一月三日付朝日新聞社説の小見出しには、「東京裁判でのけじめ」

とあり、「日本は1951年のサンフランシスコ講和条約で東京裁判を受諾し、主権を回復した。（略）この事実は否定しようがない」と、朝日がその本性をむき出しにしています。ここでの「裁判」は、正しくは「判決」なのですが、それを「裁判」と認識していることが朝日新聞の「歴史観」のすべてを物語っています。

また安倍首相が、一昨年靖国神社を参拝したことや、A級戦犯の法要に自民党総裁名で追悼文を送ったことなどを批判し、「日本人だけで310万もの犠牲を招いた惨禍だ。責任を不問に付すなど、できるはずもなかった」と、責任をA級（A項）戦犯に「すり替え」

て、戦争中軍部を扇動した朝日新聞や戦時国際法を無視し、人類史上最大の大虐殺「広島・長崎の爆殺」「東京大焼殺」を実行した米国の責任にも一切触れていません。

## 朝日の心ある記者は負の連鎖を断ち切れるか

そして、最近の戦前・戦中の歴史見直しの気運について「このところ政界でも社会でも、東京裁判を全否定したり、旧軍の行為をひたすら正当化したりする声が大きい。まるで、大日本帝国の名誉回復運動のように」と書き、「吉田清治の嘘」や「南京大虐殺の嘘」を朝日新聞が社会にまき散らしたことから目をそらしたまま、まるで「社会が悪い・政界が悪い」と泣き言を吐露しているようで笑えます。朝日新聞に、貴社がどのように「東京裁判」を総括したのか、教えてあげましょう。「かくて、米英ソ三国を中軸とする旧連合国の、旧日本帝国に対する広い意味の懲罰作業は終わった」（『東京裁判』下巻　朝日新聞法廷記者団著）と、皮肉を込めて裁判と称する「法によるリンチ」を「懲罰作業」とまとめていたのです。

朝日の朝日たる「すり替えのプロ」の真骨頂を発揮しているのが、「戦争責任を直視することは、父や祖父たちをおとしめることにはならない」と、GHQが垂れ流した嘘や朝日新聞がバラまいてきた嘘を、「直視しなくてはいけない歴史の真実」だと語る部分です。こんな妄言を、真顔で書く社説子の勇気に敬意を表します。

そして最後は「世界は日本の自己欺瞞を見て取る。この不信の連鎖は放置できない。断ち切るのは、いまに生きる者の責任だ」と。まさに世界は朝日新聞の欺瞞を見て、現役記者が朝日の負の連鎖を断ち切れるか見ているのです。

**みずま・まさのり**◎一九五〇年、北海道生まれ。慶應義塾大学法学部政治学科中退。近現代史（GHQ占領下の政治・文化）を中心にテレビ報道、新聞の調査研究を行っている。著書に『ひと目でわかる「大正・昭和初期」の真実』（PHP）など。

# 第三章

# 朝日新聞
# 集団訴訟記者会見

～平成二十七年一月二十六日　記者クラブ

渡部昇一　小堀桂一郎
髙山正之　藤岡信勝
水島　総　髙池勝彦
荒木田修　尾崎幸廣

## 金一万円の慰謝料支払い

**高池勝彦**　今日の午後一時に訴状を提出しました。今日のところは、原告は八千七百四十九人です。ただし、今も毎日委任状が殺到していまして、今日すでに一万人を越えています。ですから近々にも第二次訴訟を提示しまして、最終的には一万二千〜三千人にはなるんじゃないかと思っています。

数年前、ＮＨＫに対しても集団訴訟を起こしました。その時にも当初は六千〜七千人だったんですが、最終的には一万三百人くらいになりました。原告の数からいけば、今回の朝日への訴訟は史上最大の訴訟になるかと思われます。

**荒木田修**　私どもが被告・朝日新聞社に求めますのは、いわゆる謝罪広告と各原告に対する金一万円の慰謝料の支払いです。原告は、渡部昇一上智大学名誉教授原告団長ほか、八千七百四十八人です。

いま先ほど申し上げました請求の趣旨、つまり請求の結論の部分を根拠づける事実は、皆様ご承知の通りで、いわゆる詐話師・吉田清治氏の証言に基づく虚偽報道、元朝日新聞

史上最大！「朝日新聞に対する集団訴訟」提訴！
記者会見～司法記者クラブにて

記者・植村隆氏の捏造記事です。その虚報を報じたこと自体が〝加害行為〟であるととらえています。被害を被ったのは、日本国民、日本政府です。在外邦人も含めまして、続々と委任状が集まっております。

　法律的には難しい問題を含んでいますが、加害行為としての虚報があったことは確実で、政府や国民に対する甚大な精神的な加害行為があったことは明らかです。これは現在進行形の加害ですし、これからもやむことはない模様です。これに対して朝日新聞は、その虚報について読者には詫びていますが、国民全体に対しては詫びていませんし、国際社会におけるわが国の名誉と信用、尊厳を回復するための努力をしているとも思えません。日本国民としてできることは何かと考えまして、本件訴訟に至りました。

## 日本人としてなぜ朝日新聞は詫びない

**渡部昇一**　私は裁判というものに関わるのはこれが最初なので、詳しい話はできませんが、朝日新聞が日本国民、そしてわれわれの先輩であります、戦場で戦った日本人に対して、ものすごく恥ずかしい嘘を報じてきたことについて、私は心から怒りを感じております。そして、それに異議申し立てをする方法として裁判があるということで、私は原告になりました。

本当はそこまでいかなくても、恥という概念があったら、朝日新聞の社長でもなんでも、そういうことをやめて詫びる機会は、今までにも十分あったと思います。たとえば現在、アメリカの各地にいわゆる従軍慰安婦の銅像や碑が建てられている事実があるのですが、朝日の社長がそこの市長などに会って、「あなたがここにこういう像を建てられたのは、恐らくコリア系市民の働きかけによるものでしょうけれども、それはすべて私の新聞のインチキ記事によって勘違いをした人々ですから、恥ずかしいことでもありますので、どうぞ撤去してください」と言って回ればよかったんです。また外交筋を通して、アメリカの議会でも特別に証言の機会を与えてもらって、「いわゆる従軍慰安婦の問題は、すべて私の新聞の誤報、虚報、捏造によるものです」ということを言えばよかったんです。

そして特に国連ではクマラスワミ報告のような、ひどい日本人弾劾の言葉も出ています。それに対しても朝日新聞の社長が出かけていって、クマラスワミ氏に会って、「あなたは日本をいろいろ批判していますが、その根拠はすべて私の新聞のインチキ記事です」と言えば、やはり私は取り下げると思うんですね。

原告団団長・上智大学名誉教授
「朝日新聞を糺す国民会議」議長　渡部昇一

しかし今までもこれからも、朝日はそのようなことをする意思をまったく見せていません。この訴訟が、朝日をそういう方向に導く一つの手段になればと思っています。朝日新聞の中にも立派な人がいて、恥じている人もいると思いますけれど、団体としては出てきていません。そしていわゆる朝日新聞の検討記事みたいなものも、読者に対する言い訳みたいなものであって、日本国民全体に対してきちんと謝るものではありません。これは日本の恥なんです。しかも根拠のない恥をかかされてきたんです。われわれの訴訟は、その恥を何とかそそぎたいという、一つのもがきといってもいいし、ほかに今、手段がないからこうやっていると、そういうふうに理解していただいてもいいかと思います。

**小堀桂一郎**　とにかく朝日新聞が、日本の国家と国民の名誉を、虚報によって深く傷つけたというのは確かです。では、それを償ってもらうにはどうしたらいいか。私は話は簡単で、「わが社の報道はすべて誤りでした」ということを、はっきり大きな広告にして出していただければ、それで話は解決に向かうと思うのです。

原告代表　東京大学名誉教授　小堀桂一郎

朝日は自らの虚報をこれだけはっきり認めているのですから、あの朝日の虚報の記事に基づいて日本国民に浴びせられた誹謗、中傷も、すべて無効であると断言できるのです。本来ならば朝日新聞は、広く国際社会に向けて、自らの虚報を告白する報道に踏み切るべきなのですが、それはどうもやる氣がないようですから、せめてこのような訴訟の形でもって朝日新聞に、「あなた方の虚報によって日本国民はこれだけ傷ついているのだ」ということを訴えたいのです。そしてこの訴訟に勝てば、朝日の虚報が日本の恥の原因になったということの根拠を確定できると思います。

そこで私も及ばずながら、原告の一人に加わっております。

## 日本をおとしめるための嘘

**髙山正之**　私は産経新聞で新聞記者をずっとやってきました。朝日や毎日や読売の記者と一緒にやってきた。個人的な体験でいうと、昭和五十九年に朝日新聞が「これが日本軍の毒ガス作戦だ」と言って載せた写真記事がありましたが、それに対して産経が、「これはただの煙幕だ。嘘をつくな」という記事を載せたのは、社会部デスクだった私でした。
朝日新聞でも、現場の記者というものは、そういうおかしな記事が出れば、「なんだこれは。嘘なんじゃないのか」と思うものなんですね。多分、吉田清治の話にしても、どうしても裏がとれなかったというのではなくて、現場の記者は最初から嘘だと分かっていたと思います。それをあたかも、取材し切れなかったとか、それで今まで真相がつかめなかったなどと言うのは、それこそまったく嘘だと思います。

いわゆる慰安婦の報道だけではなくて、最近でいうと、フィリピンの戦場を歩いた記事が朝日新聞の夕刊に載りました。九十五歳の老人が、「これが日本軍に殴られた時のコブだ」といった話をしていた。ありえないだろう、そんなこと。書く段階でも嘘と分かっている。デスクも嘘だと分かっている。ようするに、かなり意図的にそういう記事をつくってきたという感じがどうしてもぬぐえない。それはやっぱり、こういう裁判を通じてはっきりさせて、ジャーナリストならジャーナリストらしく、嘘を伝えるようなことはやめるようにしてもらいたい。それは結果的に、日本のためになると思います。

原告代表　ジャーナリスト　髙山正之

**藤岡信勝**　朝日新聞が三十二年間、嘘の報道を取り消さないままできたということによって、いま世界中で、日本国家と日本国民が被害を受けている。この規模の実態は大変なものです。

吉田清治証言の嘘は、一九九二年の時点ではっきりしていたんですけれど、にもかかわらずその嘘が、九七年から使用開始された中学校の教科書にまで載ってしまった。今でも、高校の歴史の教科書に載っています。ある教科書会社が、朝日新聞が記事を取り消したことを受けて、高校の教科書から「従軍慰安婦」という言葉を削除しましたら、朝日新聞は一月二十二日付けで、それを「けしからん」と批判する社説を出しました。この期に及んでもまだ「従軍慰安婦」という言葉が正当だと社説で主張するとは、驚くべきことです。まったく反省していない。

朝日新聞は読者に謝罪するだけではなく、全国民に謝罪していただきたい。そういう趣旨で、私も原告団の末席を汚させていただいた次第です。

原告代表　拓殖大学客員教授　藤岡信勝

## 裁判史上最大の原告団

**水島総**　先ほど原告団の人数について、すでに一万人を突破したと説明がありましたが、これは戦後最大の、裁判所史上最大の原告団になるということです。これは非常に大事なことです。

原告代表「朝日新聞を糺す国民会議」事務局長　日本文化チャンネル桜 代表　水島　総

朝日新聞は反省もしていないし、体質も変えていません。表面上の反省や謝罪はあったとしても、現実的に体質は変わっていないし、報道も変わっていない。そういう中で、この裁判が戦われます。多分、原告団は最終的には一万数千人、どこかで区切らないといけないと思いますので、一万二千～三千人くらいで止めようと思っておりますけれど、基本的には戦後最大の裁判になるということです。

私は、お墓の下にいる日本国民の先祖も原告団なんだと、そう思っています。先祖も無言で私たちに意思を託している。われわれの先祖をおとしめ、誹謗中傷してきた朝日新聞に、無言の先祖たちに代わってわれわれが、今を生きる国民として朝日新聞を糺していかなければならない。そういった思いで私も原告団の一人に加わりました。

**尾崎幸廣**　祖先の名誉とともに、これから生まれてくる日本人のためにも戦っていかなければならない。そういう気持ちで、代理人としてがんばっていきたいと思っております。

**（NHK記者）**　訴訟物の価額として約一億円あまりとなっておりますけれど、こちらは弁護士費用なども含まれているのでしょうか。

**髙池**　弁護士費用は入れておりません。請求の趣旨一項のところに、「謝罪広告」というのがあるんです。謝罪広告についても一応の費用を算定して、訴訟物の中に入れないといけないということになっていますが、この朝日新聞の謝罪広告代が高いんです。たまたま朝日新聞のインターネットから引いて調べたんですけれど、どの新聞でも普通かなり割引価格があるらしいんですが、「謝罪広告は割引しない」と書いてありましたね。

**（NHK記者）**　基本的に今の請求はほぼ八千七百四十九万円、損害賠償としては……。

**髙池**　そうです。一人一万円ですから。

**（ＮＨＫ記者）**　あとは二次提訴も予定されているということなんですけれど、この時期などは。

**高池**　二月くらいを予定していますけれど。際限なく待っていてもしようがないので。

**（江川紹子）**　フリーランスの江川紹子といいますけれど、裁判の関係で遅れて来て申し訳ありませんでした。最初の部分だけ聞き漏らしているんですけれど、「恥」であるというようなことを渡部先生がおっしゃっていたんですけれど、恥というのは何を指すのか。つまり強制連行があったといわれていることが恥なのか。それとも従軍慰安婦というか、慰安婦そのものが恥であって、慰安婦というようなものはなかったという、そういうことなんでしょうか。

**荒木田**　慰安婦がいなかったなんて言っている人は一人もいませんよ。

**（江川）**　恥とは何かということを……。

**荒木田**　強制連行をした事実がないのに「強制連行し、拉致して監禁して強姦した」というふうに言われているんです。それは恥でしょう。嘘なんですから。

**（江川）**　強制連行がなければ恥ではないということなんですか。

**荒木田**　話は全然違ったものになるんじゃありませんか。売春問題一般になるでしょう。

弁護士　尾崎幸廣

弁護士　荒木田修

弁護士　髙池勝彦

**（江川）**　売春問題というふうに取り上げて、とらえていらっしゃるということですね。

**荒木田**　いろんな形態の売春があるんではないですか。それは日本に限らず諸外国もそうだし、現代だけではなくて過去から、人類史始まって以来の問題でしょう。

**髙池**　まあ訴状とは関係ないんですけど、私の個人的な考えを言いますと、慰安婦があったこと自体が女性の権利の問題だという意見がありますよね。私もそれは分かります。そうだとすれば、これは日本人の慰安婦もいましたよね。世界中のあらゆる国に、そういう女性たちがいました。そういう女性全体の権利の問題だととらえるのならば、それは正しいと思うんです。しかしそうじゃないですよね。「日本人が海外で犯した慰安婦の女性の権利」という問題だけに焦点が当てられて、しかも歪曲して世界中に伝えられています。

その発端が、朝日の報道にあったんじゃないかと言っているわけです。

## 嘘に対して「恥を知れ」

**藤岡**　「恥」という言葉の意味ですが、朝日新聞が根拠のない捏造記事を三十二年間も放置して、取り消さなかった事実がまずあるわけです。昨年取り消したわけですけど、しかしその「嘘の効果」で、アメリカ各地に慰安婦の銅像ができて、そして日本人が二十万人の女性を朝鮮半島その他から強制連行して性奴隷にしたという、まったく嘘の話が、その朝日の報道から膨らんで、世界に広がってしまっているんです。そういうことに対して、朝日新聞はそれを恥じて、国民に謝罪するべきなのに、それをしていないので、「恥を知れ」とわれわれは感じるわけです。ですからここで言う「恥」とは、慰安婦の存在が恥であるとか、そういう話ではありません。

**髙山**　慰安婦について一言申し上げると、よその国の事例を全部調べてきたのかと。例えばアメリカなんか、軍が行った先で平気で強姦をするわけです。というか、戦争とは略奪、強姦、殺戮《さつりく》なんです。そういう歴史を、よその国は全部踏んできているんですよ。

**（江川）**　日本もあったでしょう。

**髙山**　日本はそういう歴史をもっていない。少なくとも山下奉文《ともゆき》などは、「戦場で強姦はやめろ」と、きちんと布告を出している。ビルマ戦線でも、同じような話が出てくる。もちろん慰安婦という存在はありましたが。

しかしよその国、アメリカでも韓国でもどこもそうだけど、戦場に行ったら好き放題やるんですよ。現にベトナム戦争に行った米軍兵士の記録などを読むと、「戦場に行けば最高のセックスが味わえる」などと書いてある。そういう日本人とは違う彼らなりの考え方があるわけです。

アメリカには「アメラジアン一九八二年法」というものがあります。アメリカ人が世界中の戦争地域で産み落としていった私生児に、アメリカの市民権を与えるようにした法律です、その単位は百万だという。百万人の産み捨てをやっていったわけ。もちろん強姦もあるだろうし、現地妻もあるだろうけれど、そういう歴史を彼らはもっていて、それを上下両院の議員が成立させているわけだ。もっと恥ずかしいことを彼らはやっている。

日本でも戦後、アメリカ人による六千件の強姦被害が出て、子供ができている。しかし彼らにも米国市民権が与えられるのかというと、この法律では「除く日本」と書いてあって、実際に日本には知らせなかった。日本に知られると、自分たちの品格が下賤なことが分かっちゃうと恐れたのかもしれない。ともかく日本の慰安婦がどうのこうのという前に、世界各国と比べて考えなくてはいけない。ただ旧日本軍だけを指弾して嬉しがっているような姿勢は、あまりよくないんじゃないか。

## 朝鮮半島での虚偽報道が問題

**（江川）** もう一つすいません。この訴状、パラパラと見ているだけなんで申し訳ないんですけれど、「強制連行はなかったということが明らかなのにもかかわらず」云々という部分があります。これは朝鮮半島で、ということに限定されているんでしょうか。それともどこの国でも強制性は一切なかったということを主張されているのか……。

**荒木田** どこかに強制的に連行したという証拠があるんですか。

**（江川）** 私の主張じゃなくて、そちらのご主張をうかがっているので。

**荒木田** ないんじゃないかな、聞いたことがない。

**（江川）** 一切強制性はなかったと。

**荒木田**　普通の刑事犯罪ならありますよ。オランダ人の話など……。

**髙山**　スマラン事件。あの犯人は死刑になりました。

**髙池**　本訴状ではそういうことは関係ありません。朝鮮半島です。

**（江川）**　朝鮮半島に限定されているという認識でいいんですか。

**髙池**　朝日新聞の記事に関してですからね。

**（江川）**　ここに書いてある「強制性がなかった」というのは、「朝鮮半島では」というふうに理解してよろしいんですか。そちらのご主張として。

**藤岡**　強制性じゃないですよ。強制連行。

**（江川）**「強制連行」、はい。「強制連行は朝鮮半島で」という……。

**藤岡**　朝日新聞の記事の十三件は、すべて「朝鮮半島で起こったこと」について捏造した記事ですから、結果的にはそうなります。

**（江川）**　ただこのご主張の中では、「いわゆる従軍慰安婦については今日に至るまで強制連行としての証拠は一個もない」と書いてあって、これは……。

**荒木田**　一般論としても私は言えると思っています。

**（江川）**　一般論として書かれたと。どっちにして理解すればいいんでしょう。

**高池**　一般論でいいですよ。例外はあるでしょうね。日本人だって全員、天使の集まりじゃないですから、犯罪はあったと思いますよ。処罰もされています。処罰の中には日本の軍法会議で処罰されているケースもありますからね。ただ一般論として言っていいと思いますよ。犯罪は別ですから。

**荒木田**　官憲がやったかどうかといっているわけで、オーソライズドでやったかどうかですよ。私的に勝手にやれば、それはただの刑事事件です。

**（江川）**　「官憲がやったことはない」というのは、「全軍にわたって」というふうなご主張だと受け止めてよろしいですね。

**高池**　全体としてはそうだと思います。

**水島**　相対的にですね、日本の軍隊というのは、基本的に他国と比べて規律は非常に厳しかったし、道徳性・道義性も一番高かった。これは確かなことだと考えております。日本以上の国があったら教えてもらいたいくらいです。先ほど、アメリカ軍のレイプの問題などの話が出ましたが、こういうものに比べて日本軍の規律は一番厳しかったし、道義性も高かった。まずそれを前提にしなきゃいけない。事実ですから。

そういう前提の下に、われわれは戦後の報道のあり方を問うているんです。これは大きな国民の運動であり、うねりです。それを無視しないでいただきたい。

## ネット上で集まった有志たち

**（フジテレビ記者）** 今回、すごくたくさんの原告の方がいらっしゃいますけれど、いつごろからどういう形で、原告の方を募集したのでしょうか。

**水島** 昨年十二月の初旬からですね。

**（フジテレビ記者）** どういう形で。

**水島** 私がやっている衛星放送のチャンネル桜や、インターネットの動画配信番組でまず呼びかけました。またホームページ、フェイスブック、ツイッターですね。

**（日本テレビ記者）** 原告は国民の立場で訴訟を起こされているのか、また具体的にどのような被害というか損害で、法的に賠償を請求されているのかお聞きしたいと思います。

**荒木田** 国民的人格権、名誉権、あるいは日本国および日本国民の国際的評価が著しく低下せしめられたと考えています。

**（日本テレビ記者）** 海外への不法行為だというふうに……。

**荒木田**　不法行為ではなくて、非侵害利益ですね。虚報行為、虚報を伝えること自体が加害行為、不法行為ですよ。嘘を伝えちゃいけないでしょう。

**（東京新聞記者）**　その被害、損害について、どういった主張で戦っていかれるのでしょうか。

**髙池**　朝日新聞から答弁が出てくるでしょうから、そのやりとりでいろいろ議論が進んでくるんだと思います。

**（東京新聞記者）**　具体的なところは、朝日新聞側から答弁が出てきてからと。

**髙池**　はい。

**（東京新聞記者）**　八千人、もしくは一万人越えているというところで、原告団の中には一般の朝日新聞の読者も加わっているという感じですか。

**髙池**　たぶん入っていると思いますよ。

**水島**　もちろん「朝日新聞をやめた」と言って原告に加わった方もいらっしゃいますけど、一人ひとり、「あなたは朝日新聞の読者ですか」と確かめてはおりません。

それからもう一つは、原告団に入っていただいた中には、慰安婦の問題を持ち出されて海外でいじめられたと、そういう具体的な経験を踏まえてこられた方もいます。中学、高校時代に修学旅行で韓国に連れて行かれて土下座させられた、というような経験を持つ人もいます。こういう意味での心的な被害者の方々が、多数入っておられることを申し上げておきます。

**髙池**　本当に在外邦人の方々が、世界中から委任状を送ってくれていることに、われわれもびっくりしております。

**水島**　三十か国くらいだったと思います。

**（江川）**　原告の方は費用を負担されているんですか。

**髙池**　全然していません。われわれも手弁当でやっていますので、今後、寄付は大歓迎というふうには思っているんですが、今のところは何もいただいておりません。

## 日本人の名誉の問題

**渡部**　一番われわれが訴えたいのは、日本の「恥」をどうしてくれるかということなんですよ。あるいは名誉ですね。

私が戦前生まれのせいもあるかもしれませんが、「日本は立派な国だ」と教えられて、日清・日露そのほか北清事変などの戦いで世界の驚嘆を浴びてきた、立派な軍隊が日本軍でした。日本人というのは、非常に信用がありましてね。個人的な話をしますけど、私は六十年前に海外に留学した時、古書店で古本を買っても、「家に帰ってからお金をよこせばいいよ」と、初めて会った日本人にそう言うんです。どうしてそんなに信用があるのかと思いましたら、明治以来、ヨーロッパに行った日本の留学生で、古本代をごまかした人はいなかったと。そんな信用があるんです。それは私は国の名誉だと思うんですね。

一つ古い話になりますが、アメリカに宣戦布告に相当する文書を渡す時に、出先の外交官たちがさぼって翻訳が遅れ、その遅れのせいで宣戦布告前にハワイに爆弾が落ちたわけです。それでルーズベルトは徹底的に「日本はずるい」と言ったわけです。それがいっぺんに世界中に広まった。それがどのくらい日本人のイメージに害をなしたか。

しかしそれは「ずるい」のではなく、外交官たちの「怠惰」です。ですからその時の責任者が腹でも切っていたら、世界のマスコミも、「ああそうか。こいつらがさぼっていただけで、日本がずるかったのではなかったのだな」と、少しでも世界の世論を変える力になっていたかもしれない。その話で言えば、こんなことを言ったところで実行をされるわけでもないですし、要求することでもありませんが、私はやはり朝日の社長が国連などに行って腹を切って、「すべての日本人がかぶった恥は、私の新聞のインチキ記事によるものです」と言えば、相当問題の流れを変える力になるはずです。私は本当にそこまでの要求をしているわけではないですが、それくらいの恥を感じないといけない。そして今の朝日に、その恥を感じている人は多くないんじゃないですか。

明治のころにこんなことが起こっていたとしたら、どんなふうになっていたんでしょう。まあ、問題自体起こらなかったと思いますけどね。これは私の脱線のお話です。

**高池**　よろしいでしょうか。どうもありがとうございました。

# 第四章

誌上再録！

# 「朝日新聞を糺す国民会議」結成国民大集会

～平成二十六年十月二十五日　砂防会館

肩書きなどは大集会開催時のものです

**水島総**　本日は、皆様とともに日本の戦後体制を変えていく、本当に歴史的な第一歩となります。私、水島と皇室ジャーナリストの高清水有子さんが司会を務めさせていただきます。それではいよいよ開会です。開会に先立ちまして、皆様とともに確認したいことがございます。この「朝日新聞を糾す国民会議」の議長には一体誰が相応しいのか。私たちは多くの皆さんにご相談し、お聞きしました。そしてこの戦後六十九年間、どんな逆流にも抗し、ご自身の思想や節を曲げず、そして温かいお人柄で後進を指導していただいている、渡部昇一先生に議長をお願いしたいと考えました。皆様の拍手でそれを確認したいと思います。（会場拍手）

皆様の拍手で、満場一致ご同意をいただけたと確認させていただきます。ありがとうございます。それでは「朝日新聞を糾す国民会議」議長渡部昇一先生です。

**渡部昇一**　今日はお忙しいところを朝日新聞糾弾のために、この草莽崛起の会にお集まり下さいましたこと、厚くお礼申し上げます。サンフランシスコ条約締結後、日本は差別されることなく世界の国々と交わっていくことになりましたけれども、その日本を絶えず国際的におとしめようとして努力してきた団体が朝日新聞です。大きなところを挙げましても、教科書問題もそうでした。今回の問題もそうです。歴史戦争の時代と言われていますが、中国も昔のことを持ち出して、日本を批判しようとしております。その基になっているのは、慰安婦問題にしても南京大虐殺にしても、こうした根も葉もないことを世界的に広め続けてきた朝日新聞です。

その朝日新聞はこのごろ、「社内を刷新する」などと言って第三者委員会なるものを立ち上げ、

**渡部昇一**

「朝日新聞を糺す国民会議」議長・上智大学名誉教授

そうした問題の調査をしているようです。しかしわれわれはそんなこと、どうだって構わないのです。われわれが関心を持つのは、われわれ日本人全員、および、われわれの子孫に朝日が与え続けている被害について、朝日がどう取り除く努力をしてくれるか。われわれが朝日の社長に聞きたいのは、自分の会社を、どう刷新するかなんていうことじゃないんです。どうやって日本の恥を雪《すす》いでくれるかということなのですよ。

たとえば、国連でクマラスワミという女性が中心になって、日本を人権問題でおとしめてきている。朝日の社長が国連に行って、このクマラスワミに会って、「あなたがおっしゃることは全部、うちの新聞のインチキ記事に基づいておりました」と言ってくれるのですか？　アメリカの各地には従軍慰安婦の像が建っています。朝日新聞の社長が、そこの市長をいちいち訪ねて、「これはうちの新聞のインチキ記事が報道されたことに基づくものです。どうぞ、やめて下さい」と言ってくれますか？　そういうことが重要なのであって、自分の会社の刷新をどうするかなんて、そんなことは、どうだっていいんですよ。

南京事件もそうです。あんなものは、蒋介石自身も口にしたことのないことです。それを、みんな忘れたころになって、いきなり「三十万人の大虐殺」と言った。その根拠はと聞かれたら、その記事を書いた朝日新聞の記者は、恥ずかしげもなく「それは私が調べたんじゃなくて、向こうの言った通りのことです」と答えた。その「向こうの言ったこと」を検証もしないで、喜んで宣伝し続けたのは朝日新聞じゃないですか。

私は、朝日の社長に南京に行って弁明してきてもらいたい。「蔣介石も〝大虐殺〟を口にしたことは一度もありませんでした。それを〝三十万人〟と言って広げたのは、うちの社員の不心得者です」と謝ってきてもらいたい。

われわれがこれから求めるのは、朝日新聞が社内でどんな努力をするかではなくて、朝日新聞の首脳部が世界を周って、ひとつひとつ、「自分の会社の記事はインチキでした」と言って頭を下げて謝ることです。それをわれわれが放っておきますと、現代の日本人の恥であるのみならず、私の子供たちや孫たち、その子孫までもが、その恥を背負うんです。だから朝日新聞は本気になって、世界中を周って謝ってほしいのです。そして、このあたりからは夢物語ですけども、できるならば社長に、国連の前で文字通り腹を切ってもらいたい。そうしたら世界中が「日本の腹切りだ」と騒いで、「ああ、インチキ記事の責任をとったんだな」ということになるでしょう。まあこれは半分冗談でありますが……。

朝日新聞は、自分の会社の改革なんて考えないで、とにかく日本の恥を雪いで下さい。これが私からのメッセージです。

**水島**　今、渡部議長からお話をいただきましたように、集団訴訟においても、朝日新聞は自らの費用で世界中のメディアに対し、この自らの歴史捏造というものを明らかにするよう求めていこうという話にもなっております。何よりもまず、私たちの先祖の誇りと名誉を傷つけ、犯罪者扱いして、おとしめたる嘘情報を、日本国ばかりでなく、世界中にそれをばらまいたこと、このことに対する罪を償わせなければなりません。

この「朝日新聞を糺す国民会議」ですが、設立の呼びかけから約一か月が過ぎた今、登録参加者がついに一万五千人を突破致しました。ものすごい数です。これはインターネットを中心に集まりました。つまりほとんどの方がメールアドレスを持っています。われわれは皆さん全員と、直接メールの発信・受信ができるんです。つまり一枚五十二円の葉書を使うと、一回あたりのお知らせに七十八万円もかかるわけですが、メールですと一瞬にして一万五千人に連絡ができるんです。こういう力をもったインターネットが、われわれの背景にはあります。これは非常に大事なことであります。

そしてもう一つ、私たちが力をもてるのは、インターネットだけではなく、この一騎当千と言ってもいい一万五千人の人たち自らが立ち上がり、汗を流して、朝日新聞糾弾のビラ、チラシ等のポスティング運動に加わっていただければ、ものすごく大規模なものになります。そういう力をもった新しい集団が生まれつつあるということです。われわれは、そういう中でスタートするわけです。

**高清水有子**　続きまして代表呼びかけ人の方々から一言ずつご挨拶を頂戴したいと思います。まず始めに「朝日新聞を糺す国会議員の会」、こちらの代表を快くお引き受け下さいました、衆議院議員の中山成彬《なりあき》先生にご登壇いただきます。

**中山成彬**　皆さん、こんにちは。「次世代の党」所属の中山成彬です。本来なら与党である自民党の先生が就くべきポストだと思いますが、誰もいらっしゃらないので、私が喜んで就かせていただきました。ありがとうございます。

今日は、こんなに多くの皆さん方に集まっていただきまして、大変心強い限りです。私は六年前に「日教組は日本の教育の癌《がん》である」と言って、国交大臣を首になった男ですが、あえて今日、もう一度申し上げます。「朝日新聞は日本のマスコミの癌」であると。

日教組と朝日新聞の違いは何かと言いますと、学校の先生は、なかなか辞めさせられないんですよ。だけど朝日新聞は、皆さん方が購読しなければつぶれるんです。ここが大きな違いでして、ここにお集まりの方々はもう、朝日はとっていらっしゃらないと思いますが、周りの皆さん方にも、「もう朝日新聞をとるのはインテリじゃないよ」ということを強く強調していただきたい。今こそ、そういうことを言える時代になったのだなあと、私は思っております。

私が文部科学大臣になりましたのは今から十年前です。私は自虐教育の是正、そして「ゆとり教育」の見直しを掲げて教育改革を推進しました。日教組および朝日新聞は、それに大反対でした。

ある時、朝日新聞の女性記者からアポイントがあり、大臣室に来られました。その記者は「実は」と言って、どうして大臣のような人間ができたのか、生い立ちを調べようということで、朝日新聞でプロジェクト・チームをつくり、私の小学校、中学校、高校、大学、大蔵省時代の同級

**中山成彬**
「朝日新聞を糺す国会議員の会」代表・前衆議院議員

生や知り合いたちに評判を聞いて回ったと言うのです。そうしたら、「びっくりした」と言われましたけど、誰も悪口を言う人がいなかったと言うんですよ。私は思わず「当たり前じゃないか」と言ったんです。私は宮崎の農家の長男坊です。自分で言うのも何ですが、小さいころから親の農業の手伝いをする、本当に孝行息子だったんですよ。

私の生まれた薩摩の国というのは、負けるな、嘘をつくな、弱い者いじめをするなということを徹底的に仕込まれます。同級生の女の子が男の子にいじめられていたら、身体を張って助けたもんです。しかし、朝日の方からそういう男を見ますと、「変わっている」と思われたらしい。私から見ると、向こうが変わっていると思うんですけども。

その記者の名前を申し上げますと、氏岡真弓さんという方で、今でも署名入りで記事を書いておられる論説委員です。こういう方が朝日の中心にいるんだなあと思いました。しかし私が知っている朝日新聞の若い記者には立派な人もおります。だから私は、その若い方々に改革をしてもらいたいと思っているんです。それで改革できなかったら、癌は摘出するしかないと思っております。

そういう意味で、一人でも多くの方々が朝日新聞の講読をやめて、広告を出すのもやめるという流れをつくるべきと思っています。やはり部数が減ると、彼らも路線変更をするでしょう。朝日新聞には、まともな新聞になってもらいたいのです。

これまでは朝日新聞の記事が入試に出るとか、朝日新聞を読むのはインテリだとか言われていましたけど、ここにきてよほど頭の固い人でもない限り、本当にそう思っている人はいないんじゃないかと思うんですね。これからは、朝日新聞を読まない人がインテリだと定義したいと思います。

本当は朝日だけでなく、ほとんどのマスコミがおかしいということは分かっているんです。しかしまず、自分のことをマスコミ中のマスコミと思っているらしい朝日新聞から糺していきましょう。

**水島**　国会議員の皆さんがこういう活動に参加すると、「言論弾圧じゃないか」とか「表現の自由を侵す」とかいう形で批判されることがあります。そういう中で、この会に参加された方々は、本当に信念をもった、勇気ある、正義と道義を求める国会議員だと思います。

**高清水**　続きまして、衆議院議員の杉田水脈《みお》先生です。

**杉田水脈**　ただいまご紹介をいただきました、次世代の党の杉田水脈です。私どもはこの朝日新聞の問題に対しまして、分党前の日本維新の会の時代からプロジェクト・チームをつくり、ずっと取り組んでまいりました。座長は中山成彬先生です。それから顧問は山田宏先生。今日お集まりいただいております田沼隆志先生、三宅博先生にもご参加いただいております。私は事務局長という立場で、ずっとこの問題について対応させていただいておりました。

そんな中で、アメリカ・カリフォルニア州グレンデール市に慰安婦像を視察に行く機会もいただき、現地に在米日本人の方々の声を直接お聴きすることができました。
二月に予算委員会で慰安婦問題について質問をする機会をいただいた時、この現地視察に基づいて組み立てをしました。同時に疑問に感じていたマスコミの報道姿勢についても切り込みました。

その後は、先ほどお名前を挙げさせていただいた先生方が次々とこの問題について質疑をし、バトンをつないでまいりました。この流れがやっと、ここまで来たんだなと思っております。

でも皆さん、まだまだこれからなんです。私は自分の質疑の中で、「朝日新聞の誤報」とは言いません。「朝日新聞の捏造」と言っています。それから、「朝日新聞の謝罪記事」とは言いません。「単なる訂正記事」と申し上げております。謝罪すべき相手は朝日新聞の読者ではないんです。名誉を傷つけられたのは、祖国を守るため、命を投げ出して戦った英霊の方々であり、その遺志を受け継ぐわれわれ一億二千万人の日本国民なのです。日本国全体に向かって謝罪をしていただいた時に、初めて謝罪があったと言えるのではないかと思っています。

**杉田水脈**
前衆議院議員

現在、「慰安婦の強制連行はなかった」ということを確認する決議を、次世代の党で練っております。これは自民党など他党にも呼びかけをしていきたいと思っています。

今回の訂正記事で「慰安婦問題は捏造であった」という認識は日本中に

広まったと言えます。が、戦いはこれからです。日本の真実を世界に広めていかなければいけません。事実、グレンデール市の慰安婦像撤去訴訟では、勇気をもって立ち上がった在米日本人の原告団がとても不利な状態に立たされています。私は何度も委員会の質疑で、彼らに政府として支援をせよと訴えてきましたが、外務省は重い腰を上げげません。そうこうしているうちにオーストラリアでも慰安婦像設置の話がもち上がり、こちらには中国も表立って加担しています。こういった海外での流れを止めることができるまで、われわれの戦いは続きます。

また慰安婦問題だけではなく、南京大虐殺の問題も、靖国参拝の問題も、全部火をつけたのは朝日新聞なんです。構図は同じなんです。ですからこのことについてもどんどんと取り組んで、切り込んでいきたいと思っております。どうか皆さん、ご声援をよろしくお願いします。

**高清水**　続きまして衆議院議員の田沼たかし先生です。

**田沼たかし**　慰安婦問題解決に向けて、多くの仲間、先輩、同志の皆さんがおられることを、本当にうれしく思います。われわれは、まさに歴史を変える使命を持っています。

実は私は小さいころ、左翼少年でありました。朝日新聞の「天声人語」をマジメに読み、東京書籍の教科書を使って勉強をしていました。その結果、おかしな歴史観をもったサヨク学生になってしまったのです。大学入学のときは、共産党学生組織の民青に入ろうとしてしまったほどでした。

ちょうどそのころ中学校の教科書に「従軍慰安婦」という記述が載ったことを受け、藤岡信勝

## 田沼たかし

前衆議院議員

氏や小林よしのり氏などが歴史教科書論争を提起しました。朝日新聞などはそれを猛烈に批判していましたが、大学生だった私もそれに関心を持ち、日本の歴史についてもう一度主体的に勉強し直しました。そして「従軍慰安婦が本当に存在したのか疑わしい」「今まで学校で習ってきた歴史は間違っている」と気付き、自虐史観から脱却したのです。

さらに私が政界入りをしたのも、鹿児島県知覧の特攻平和会館に行き、実物の特攻隊の遺書に衝撃を受け、「自分も日本のため、何かをしなくてはならない」との思いになったからです。真実の歴史が、まったく政治とのかかわりゼロだった私の人生を変えたのです。

ゆえに政治家としての私の悲願は、脱自虐史観です。日本の復活には真実の歴史をメディアや学校教育の場で、きちんと伝えていく必要があります。そうすれば必ず健全な愛国心をもった若者、国民が増え、この国の未来は明るいものとなる、そう確信しています。

いまは落選しましたが、これまで衆議院文部科学委員会でも、歴史教育の是正や教育委員会改革などに心血を注いできました。

それゆえ自虐史観の象徴たる従軍慰安婦問題については、なんとしても解決しなければならない、日本の名誉を守らねばならない、そう決意しています。従って、いまだに誤報をたださない朝日新聞には、態度を変えてもらわなければなりません。

次世代の党は、山田宏幹事長が七月の予算委員会において朝日新聞の木村伊量社長の参考人招致を求めました。朝日がなぜ三十二年間も、嘘と分かっていながら慰安婦問題をあおり続けたのか？　これは絶対に追及しなければなりませんし、そのためには招致は必要不可欠です。朝日は「読者の皆さんにお詫びします」と書いています。が、読者ではなく国民全体に謝罪をしてもらうためにも、国会の場で説明してもらう必要があります。

しかしこの問題は、次世代の党以外はみな非協力的です。予算委員会での参考人招致は、理事会で賛成多数でないと実施されませんが、最大勢力たる自民党までが反対しました。反対理由は、「こういう誤報ひとつで朝日新聞を呼んで参考人招致、となってしまうと、報道機関として萎縮する」とのことです。

果たして朝日新聞が萎縮するでしょうか⁉　三十二年間、嘘と分かっておきながら慰安婦問題をあおり続けた新聞です。戦前においても、本当に戦争をあおる記事を書いたのは朝日新聞です。あまりに現実を知らない、危機感の薄い、見方であると言わざるをえません。

報道の自由には責任が伴う。その当たり前のことを当たり前とするためにも、参考人招致が必要です。

そのためにも皆さんのお力が必要です。自民党の賛成が招致には不可欠ですが、自民党には心ある同志議員も一定数います。予算委員会への木村社長招致を実現するよう、皆さんが声を上げ、地元の自民党議員を動かしてください。私たち次世代の党は、この分野で戦ってきた唯一の政党ですが、いまは議席が減ってしまいました。今こそ皆さんの力が必要です。どうぞよろしくお願

**三宅 博**
前衆議院議員

いいたします。

**高清水**　国会議員の先生が続きます。衆議院議員・三宅博先生です。

**三宅博**　戦後日本をおとしめた大きな四つの嘘があります。私はこれを「四大プロパガンダ」と呼んでいます。その最大のものは、あの南京大虐殺の問題。そして従軍慰安婦問題。それから「百人斬り」ですね。支那事変での南京戦における百人斬りの問題。それから沖縄の集団自決の問題です。軍命による集団自決だったと。これらはすべて嘘です。そして従軍慰安婦の強制連行について、このほど朝日新聞が虚報、誤報と認めました。

南京大虐殺、これもひっくり返さなくてはならない。百人斬りもそうでしょう。それから沖縄集団自決。これらを一つ一つ、ごく普通に常識的な目で見れば、「こんなことはありえない」ということが明々白々なんですよ。集団自決問題にしましても、軍の命令があったからと言って、家族を、両親を殺し、弟を殺し、妹を殺し、そんなことできますか？　それで、その殺したという張本人は二日後、自分が砲弾でケガをして、命令を出した赤松守備隊長のところへ行って治療をお願いしているんです。こんなことは、ありえないんですよ。集団的なパニック状況、恐怖における状況で、サイパンなどいろんなところで、日本人がアメリカ軍に虐殺されたり、凌辱されたりした状況がありました。そんな目にあうぐらいなら自ら命を絶とうとして、集団自決をしたいと言う住民たちは確かにいたんですが、軍は「そんな馬鹿なこと絶対に駄目だ。許さない」と言っているんですよ。

この集団自決問題のきっかけは、実は経済的な話なんです。「軍命があった」ということにしてしまえば、遺族年金が取れる。だから自分の両親を殺し、弟を殺し、妹を殺したと主張する金城重明なる人物はキリスト教の聖職者、神に仕える身ですけども、昭和三十年代から現在に至るまで、合計一億円の遺族年金を受領しているんです。神に対して恥ずかしくないんでしょうか。こういう男があの世へ行けば、必ず地獄へ落ちると思います。

さて朝日新聞です。朝日新聞とNHKは、何とも言えないすねた態度で、反米的なことを言います。一見すると反米で親中みたいですね。とんでもないんですよ、彼らの本当のリーダーはアメリカであり、戦後国際秩序なんです。つまり彼らは戦後国際秩序の忠実な番犬、飼い犬、手先、こういう存在なんです。NHKも朝日新聞も、両方ともぶっ壊していかなくてはならないと思います。

今回の朝日新聞糾弾闘争ですが、私はこの「糾弾」という言葉があまり好きじゃないんです。糾弾というのは「糾弾」と言って思い出すのは部落解放同盟なんです。部落解放同盟が「糾弾！　糾弾！」と言って、戦後この糾弾闘争の中で数百人の心ある教員が自殺に追いやられていったんです。一人か二人の教員を数十人の人間で取り囲んで、ご飯も食べさせない、トイレも行かさない、夜も寝かさない。あるいは変なことを言ったら揚げ足を取って小突き回して、そういった中で精神的なバランスを失って、みんな発狂したりバランスを失ったり、あるいは自ら命を絶ってしまった犠牲者がすごく多いんです。

部落解放同盟がなぜあそこまで怖がられるかというと、日教組と表裏一体の関係なんですが、彼らの糾弾というのは、言ってみれば「追い込み」なんです。サラ金でお金を借りて返せない場合、債権の取り立てで追い込みをかけるでしょう。われわれ保守の側はみんな良識派で、そんな下品なことをしないんですけども、朝日新聞に関しては、保守の側が本当の意味で徹底的に追い込みをかけていかなくてはならない。

こういった四大プロパガンダによって日本の名誉がいかにおとしめられているか。うちの親父も関東軍の軍人です。言ってみれば親の仇を取るのは子供の務めです。また、祖先の無念を晴らすのも、われわれ世代の責任だと思います。

**水島**　「朝日新聞を糺す」というのは、いま三宅さんのおっしゃったようなことです。朝日新聞のある記者は、かつて、「朝日新聞が安倍政権の葬式を出します」と言った。それと同じように、私たちは国民の手で朝日のお葬式を出そうと考えております。朝日にお葬式まで必要かという話もありますけど。

**高清水**　次世代の党幹事長、衆議院議員・山田宏先生よりもメッセージをいただいています。全文をご紹介させていただきます。

「このたび、国を愛する多くの国民の良識と怒りの声の高まりの中で、朝日新聞を糺す国民会議の結成大会が盛大に開催されましたことに、心からのお祝いとお喜びを申し上げます。本日の大切な大会に是非とも参加させていただきたかったのですが、かねてから予定されておりました地方出張があり、どうしてもかなわず、お詫びを申し上げます。

さて、わが次世代の党は、これまで平沼党首を中心に、『次世代に胸を張れる日本へ』を合言葉に、わが国の安全と名誉を守るため、慰安婦問題の嘘と河野談話の撤回を国会においても強く主張してまいりました。そして、中山成彬、三宅博、杉田水脈各議員を始め、私も含め所属議員が一体となり、志を同じくする国民の皆様とともに、この問題を追及してきた結果、ついに慰安婦問題の元凶とも言える朝日新聞が、三十二年たって自らの誤報を認めざるをえないところに至りました。

朝日新聞の慰安婦に関わる記事は、同社が言うような誤報や誤用という内容ではなく、偏向報道であり、捏造記事とも言えるものでもあり、このような同社の一貫した報道姿勢により、わが国の名誉がおとしめられ、日韓関係が悪化し、いわれなき誹謗中傷を国際社会から受けるような、今日の重大な事態を招いた責任は、筆舌に尽くし難いものがあると考えています。

その意味で、福島原発事故の吉田調書捏造報道事件に合わせ、付け足しのような謝罪を読者のみに行って事足れりとしている現在の朝日新聞の姿勢は、国を愛する国民の良識で断固糾弾されるべきであります。次世代の党として、今後も党をあげて、わが国の名誉を守り、『次世代に胸を張れる日本へ』を心に、皆様とともに頑張ることをお誓い申し上げ、ご挨拶に代えさせていただきます」

山田宏幹事長より、このようなメッセージをちょうだいしました。
**水島**　私たちはこの国会証人喚問を朝日社長のみならず、河野洋平の招致、そういうところまで、徹底的に声をあげていきたいと思っております。そしてこの私たちの国民運動、思想運動に共鳴していただいた皆さんを、これからご紹介していきたいと思います。
**高清水**　まず東京大学名誉教授・小堀桂一郎先生、お願いします。
**小堀桂一郎**　発起人の中から真っ先にご指名いただきまして、誠に恐縮でございます。さて、私の朝日新聞に対する恨みと申しますか、怒りと申しますか、実は昭和六十一年の『新編日本史』の検定通過後に生じた外圧による追加検定事件、その仕掛人であった朝日新聞の歪曲報道に対する怒りはまだ消えないのですけれども、まあそれは今ここでむし返して申し上げるまでのことでもございません。それ以外の朝日新聞の罪状につきましては、渡部先生も本質的な部分を踏まえてお話し下さいました。後に続く皆様も、いろいろの面から語って下さると思います。ですから私はここで一つだけ、ある歴史の教訓をお話し申し上げたいと思います。
昭和十六年の十二月、米ワシントンの現地時間で言いますと、十二月七日でございますが、ご承知の通りこの日、日本政府から開戦通告、宣戦布告通告がアメリカ国務省側へ手交するのが遅れましたために、結局、日本海軍の真珠湾攻撃は「だまし討ちである」という悪評を受けます。これを当時のルーズベルト大統領は対日敵愾心《てきがいしん》の煽動に一〇〇％利用、悪用しました。これが日本の対米戦争を「侵略戦争」と定義づけられた最初の契機です。

大使館員の怠慢から生じた通告の遅れでありましたけれども、その時に日本の外務省が職務怠慢の大使館員たちを厳しく処分していれば、あれは過失であって仕組まれた「だまし討ち」の策謀だということにはならなかったのではないかと思うのです。実はちょっと不思議なことに、東京裁判の審理の過程で、あの真珠湾の「だまし討ち」は、実は単なる事務上の手違いからくる不幸な事態であったということが証明されました。これは東京裁判の判決書の中にちゃんと書き込まれていることです。しかし東京裁判の判決書などというものは、もう日本人でさえ専門の歴史研究者以外は誰も読もうとしません。ましてアメリカ人が読むはずもないものです。ですから「あれは事務上の手違いであった」という裁判所の判定は、事実認識の修正には何の役にも立ちませんでした。結局、定着してしまったのは、「日本のだまし討ち攻撃による侵略の開始」という悪宣伝でした。

もし、あの時に外務省がきちんと大使館員の職務怠慢に対する処分をしていれば、「日本側ではこれを過失と認めた」という報道が全世界に広まって、そして日本の誤解を解くのに確実に役立ったはずなのです。ところが何の処分もなかったどころか、あの重大な過失を犯した大使館員たちはすべて、外務省官吏として順調に出世していったものですから、やはり「あの無通告攻撃は日本の謀略だった」という、根拠のないアメリカ国務省の宣伝が世界に定着してしまいました。このために日本の戦争の性格がどんなにおとしめられてしまったか。本当に悔いて余りある事態です。

**小堀桂一郎**
東京大学名誉教授

そこでこれを教訓として申しますと、この朝日新聞の誤報……と言うよりも捏造というのが至当だと思いますが、また河野洋平という文字通りの売国的政治家の談話が、実は何の根拠もない、言ってみれば韓国側との示し合わせによる一種の談合のようなものであったという事実に関しては、やはり日本政府がきちんと身内の人間の間違いを指摘した上で取消しを公告し、かつ当事者の処分も断行する必要があります。それをしておかなければ、特に「従軍慰安婦の強制連行」だのと誤った表現で報じられている慰安婦問題の誤解は解けぬままとなり、長く私どもの子孫に不名誉を残すことになるだろうと思うのです。原子力発電所の果敢な職員たちへのいわれなき誹謗の罪も同じことです。

幸い、このたびの朝日新聞糾弾の訴訟で、国民の大方の意志として、「あれは朝日新聞の間違いであり、撤回されるべきものである」という情報は伝わりました。しかしやはり、一番望ましいのは政府声明をもって朝日の罪状の認定が出ることです。

もっとも、日本政府は国家としての体面もありますから、なかなかそこまで踏み切れないと思います。しかし私どもの大きな世論の力を結集し、南京事件にしましても慰安婦問題にしましても、朝日やＮＨＫという日本の報道機関の大変な失態を明らかにするだけで、私は日本の名誉の回復のために大きな力になると思います。その意味で、この運動が成功しますことを心からお祈りしております。

そしてぜひこの問題に向けて、ここにお集まりの皆さま方の大きなご支援をいただきたいと思っております。

**高清水** 続きまして外交評論家の加瀬英明先生です。

**加瀬英明** 私は五十年にわたって、雑誌の誌上を舞台として、朝日新聞が亡国的な報道を行ってきたことを攻撃してきました。

今から三十九年前になる昭和五十年に、月刊『文藝春秋』に、朝日新聞について二十七ページにわたる長文の批判を寄稿しました。

「朝日新聞紙学」というたいへん洒落た題名をつけましたが、朝日新聞社が名誉毀損で、私と文藝春秋社を訴えるといってきました。裁判は望むところでした。

福田恆存《つねあり》氏や村松剛氏をはじめとする保守派知識人が、私の応援団をつくってくれることになりました。ところが著名な財界人が仲介に入って、文藝春秋社に圧力をかけたために、裁判は実現しませんでした。

日本の新聞は先進諸国の中で、民主社会のなかで、もっとも遅れた面をつくってきました。欧米の新聞が民衆の中から生まれてきたのに対して、日本の新聞は明治に入って、藩閥政府に不満を持つ武士がつくりました。これらの武士はエリート意識が強く、蒙昧《もうまい》な民衆を導くという、使命感に駆られていました。

今日でも、日本の新聞は誰に頼まれたわけでもないのに、「社会の木鐸」であることを、自負

**加瀬英明**
外交評論家

しています。欧米では、新聞が読者と対等な関係を結んでいますが、日本では読者を上からみる目線で、見降ろしてきました。

日本の新聞のなかでも、朝日新聞は「これを読め」という態度で、読者に接してきました。朝日新聞が三十二年間にわたって、虚偽の報道を撤回しなかったのは、読者を大切にしてこなかったからです。

社会を教え導くという、いやらしい木鐸を気取るのをやめてほしいと思います。

朝日新聞は昔から慰安婦にとどまらず、嘘ばかりついてきました。

朝日の社長が謝罪した記者会見が、しどろもどろで舌足らずだったのも、閻魔様から舌を抜かれていたからでしょう。

嘘は泥棒のはじまりといいますが、朝日新聞はかつてはソ連に、いまは中国や韓国のために、日本の正しい歴史や誇り、国民の心を盗んできました。

朝日新聞が擁護してきた日本国憲法は、「日本を滅す憲法」です。朝日新聞は「日本を滅す新聞」です。

朝日新聞社社長による謝罪記者会見が、全国民が目を覚ますきっかけとなることを期待しています。

今回、この朝日新聞に対する集団訴訟が行われるということは、私にとって三十九年以来の夢を実現することです。

今日、お集まりの皆様は、まさか、朝日新聞を購読なさっていらっしゃらないと思いますが、友人、知人の中で、朝日新聞をどうしてもとり続けたいという人には、こういう忠告をなさっていただくといいと思っております。

**高清水**　引き続きまして、教育評論家で元参議院議員の小林正様。

**小林正**　私は二つの問題について申し上げたいと思います。

一つは、朝日新聞の報道機関としての倫理に関することです。九月十一日付毎日新聞の検証記事の中に、こうありました。一九九二年八月十二日、当時ソウル支局長だった下川正晴氏は吉田氏が「慰安婦の強制連行について謝罪したい」とソウルで開かれた集会に来たので、初めて吉田氏に取材したと。主催者の太平洋戦争犠牲者遺族会が用意したホールには、元慰安婦が十人ぐらい招かれていて、吉田氏は業務として朝鮮人の強制連行にあたったなどと、自らの過去を直接謝罪したのだそうです。しかし話が頓珍漢《とんちんかん》だと思ったのは、吉田氏が「日本政府は謝罪のためにソウル—釜山間の高速鉄道をつくるべきだ」と言ったことです。それで事実関係だけを淡々とした記事を書いて送ったのだと。集会が終わった後、日本の支援者が「すみません、どなたか吉田先生をホテルまで送っていってくれませんか」と言うので、じっくり取材しようとして手を挙げた。車に乗せて、どのホテルかと聞くと、ソウルの最高級のホテルの名を口にする。そこで「いいホテルですね」と返事すると、「日本のテレビ局が渡航費用を出してくれた」と聞かされ驚いた、と述べているんです。

**小林 正**
元参議院議員

彼は現在、大分県の大学に在籍されているようです。朝日新聞と、その媒体としてのテレビ局は、一体となって予告記事から現地の集会、そして、事後の記事まで吉田清治を報道していたことになります。朝日は金を使って吉田を操っていたのです。

もう一つ、十月九日、朝日新聞は取り消した十六本の記事のうち、十二本の掲載日と見出しを明らかにしました。三本については外部筆者によるものとし、一本は吉田清治の著作からの引用としています。映画監督などの外部筆者は、吉田と朝日新聞の記事を鵜呑みにして、政府の対応を批判する内容を書いていました。朝日はなぜ公表を二か月も先延ばしにしたのか。思うに、吉田清治の虚言を限定的にし、ほかの記事への波及を恐れていたのではないかと思います。

ところで慰安婦問題とは別に、樺太在住の朝鮮人の帰還を日本政府に求める裁判「樺太抑留韓国人帰還請求訴訟」というものがあります。これには日弁連の高木健一弁護士、社会党系の国会議員、こういう人たちが関わっていたものです。そしてこの法廷に、吉田清治が証人として呼ばれているんです。何と言っていたかというと、「朝鮮人の集落を包囲し、一挙に襲い殴りながら男たちを連行した」などと証言をしている。この「朝鮮人狩り」と呼んでいた証言と、吉田がでっち上げた「慰安婦狩り」は酷似している。

さらに二〇〇五年五月十八日付の朝日夕刊は、サハリン残留朝鮮人二世の補償を訴える見出しをつけた記事を掲載しています。吉田が種をまき、朝日が広めた従軍慰安婦と樺太への強制連行は同根のものであると思います。

朝日が二か月も、どの記事を取り消したのか明らかにしなかったのは、樺太への強制連行というでっち上げに波及させたくなかったのではないかと思っております。これによって、日本政府は村山政権時代から百億円近い人道支援を行っています。すでに請求権放棄をした後に、「人道支援」という名目で送っているんです。永住帰還者、そして一時帰還者に対して費用の一切をもち、韓国に住居も建てて、それらを帰したと。こういう事件なんです。

これは日本軍がやったことではないんです。ソ連がやった政策なんです。四万三千人と言われる朝鮮の人たちがなぜそこにいたのか。日本が強制連行したわけじゃありません。それにもかかわらず、日本政府が責任を負えという裁判だったのです。

これは結局、結審しなかったんですけども、外務省は事なかれ主義に徹して、当時八十億近い金を使いました。そしてこの出費について「はした金」だという言い方をしております。こういう日本政府の対応というものも、朝日を助長させる原因の一つになっていた。こうしたことに関しても、われわれは考えなきゃいけないだろうと思っております。これらのことを徹底的に糾弾して、朝日廃刊に至るまで、ともにがんばってまいりたいと思っております。

**水島**　皆さんの知らない新しい事実もお話しいただいたと思います。ちなみに、あの吉田清治の息子は一九五〇年ぐらいに、モスクワ大学に留学しているということです。貧乏でしょうがなかったという人の息子さんが、当時のソビエト連邦のモスクワ大学に留学していた。どこからその金が出たんだ。こういうことも考える必要があると思います。

**高清水**　続きまして元航空自衛隊空将、佐藤守様。

**佐藤守**　今日は一つだけお話ししたいと思います。私は昭和二十一年四月に小学校に入りました。国民学校から切り替わった直後でございまして、教科書に載っていた軍艦や飛行機の絵や写真は、全部、墨を磨《す》って塗らされた世代でございます。そして国語の教科書の一番頭には、「赤い、赤い、朝日は赤い」とありました。それが妙にトラウマになっておりましたが、やっぱり赤いんだという確証をもつに至りました。

朝日以外の毎日もみんなそうですが、こういう新聞に載っている自衛隊関係の記事の五〇％は嘘だと見て下さい。これは違う、あれは違うと言っていくと、防衛機密が漏れる可能性があるから、防衛省は見て見ぬふりをしているだけです。マスコミはいい加減でありまして、自衛官がいいことをやっても絶対書かない。しかしちょっとでも問題を起こすと、針小棒大に自衛隊を誹謗中傷する。それに三十四年間ならされてきましたから、こんな新聞はとる気もしませんし、読む気もしておりませんでした。それを言い出すと明日の朝までになりますから。一つだけ退官直後の平成十年に北京に行った時のことをお話しします。

向こうの国防大学の連中とディスカッションするために行ったんですが、われわれを案内、通訳、および監視してくれたのが向こうの外交部、つまり外務省の役人で、日本の大使館でも書記官を務めたことのある男でした。しかし三日もマイクロバスに乗ってあちこち周っておりますと、

佐藤 守
元空将

気心が知れてきましてね。私は彼にこう言ったんです。「来月の八月十五日、わが日本国の総理大臣は靖国神社を参拝すると思う。さて君らはどうする」と。そしたら、「それでこの問題は終わりよ」と言ったんですよ。よろしいですか、外交部の人間がそう言ったんです。

それで「やっぱりそうだろう。内政干渉だからな」と言ったら、「しかし、お宅の〝チョウニチ新聞〟は騒ぐよ」と言う。一瞬「えっ?」と思いましたね。私は何で日本語に堪能な彼が朝日を「チョウニチ」と言ったか考えました。一つは、あの新聞を完全に軽蔑している。それは分かります。また、彼ら中国人は、朝鮮半島の朝鮮人を軽蔑しているという事実もあります。しかし私は「朝日新聞に関するシグナル」じゃないのか? と考えたのです。

私は朝鮮人を悪く言うわけじゃありません。公平でいるつもりです。しかし日本には、「郷に入れば郷に従え」「共存共栄」という言葉があるんです。日本国に住んで、日本国内で税制から何からいい思いをしておきながら、何で日本の悪口を言うのか。これが許せないんです。彼らの同朋は、芸能界もスポーツ界もほとんど取り仕切っているじゃないですか。彼らがいなければ、NHKの紅白歌合戦なんか成り立たないじゃないですか。

経済力だってそうですよ。IT産業といい、パチンコ産業といい、焼き肉産業といい、金貸し産業といい、日本経済のかなりの部分を支えているのは彼らであり、日本人と一緒にやっているじゃないですか。しかしなぜそれでいて、日本国民を誹謗中傷するのか。嫌だったら国に帰ったらって言うんです。

そういう朝鮮人のDNAがどうしても騒ぐというんだったら、ハイジャックされた朝日新聞社の木村社長は、そういう人たちを排除していただきたい。自浄作用がないんだったら、外部から実力ででも彼らを追い出さないといけない。「赤い、赤い、朝日は赤い」。このことをお忘れなく。

**高清水**　続きまして拓殖大学客員教授・藤岡信勝先生、お願いします。

**藤岡信勝**　朝日新聞が八月五日に落城してから、その後の争点は何であるのか。私は二つのことを申し上げたいと思います。

まず一つ目は、慰安婦強制連行の前に朝鮮人強制連行というデマが先に存在したことです。この言葉がいつつくられたかというと、一九六〇年のことです。それから三十年ぐらい、まったく批判されることなく、何と教科書にまで書かれるようになりました。一九八〇年代以降、小中高のすべての教科書に、「朝鮮人強制連行」という言葉、あるいはその内容が載っているのです。これは今日に至るまで続いています。朝鮮人強制連行とは、六十万人の在日朝鮮人すべてが、朝鮮半島から自分の意志に反して強制連行されてきた人々だという壮大なデマです。慰安婦問題というのは、その土台にある朝鮮人強制連行のデマそのものを打ち砕かなければ、解決しないのです。これが第一のテーマです。

朝日新聞は慰安婦強制連行の記事を取り消しましたが、朝鮮人強制連行の記事は取り消していない。しかし、それは成り立ちません。朝日はこう書いているんです。吉田清治が直接指揮して日本に強制連行した朝鮮人は約六千人。うち九百五十人が従軍慰安婦だったと。そうすると朝日新聞は、この六千人のうち九百五十人の女性を強制連行したことについては嘘と認めるけれども、残りの五千五十人の（男性の）強制連行は事実だと考えているのか、という問題となるわけです。そんな馬鹿なことはありません。

朝日の落城を受けて浮上するもう一つのテーマは、南京事件です。二〇一五年、戦後七十年の節目に、歴史戦が激しく戦われるのは間違いありません。そして必ず、南京事件、南京大虐殺が蒸し返されます。来週発売の週刊文春（二〇一四年十一月十三日号）で、実はその口火が切られます。経過をお話し致しますと、私が週刊文春の取材を受けまして、「次は南京事件だ」ということを言ったのです。そして、南京で三十万人が虐殺されたというのはまったくのデマだという話をしたわけです。これは何の変哲もない、ごくつまらないコメントです。

ところがこれに対して、本多勝一氏が公開質問状を送ってきたのです。「お前は犠牲者を何人と考えているのか」といった項目のものを週刊金曜日を通じ、週刊文春編集部に送ってきました。本多勝一氏って、今も健在なのかと思った方もいるでしょう。八十歳を越えているそうです。それで週刊文春と週刊金曜日、両編集部が話し合って、誌上で公開討論をしようということになりました。現在進行中で、その第一弾が週刊文春に載ることになったという次第です。これは南京事件についての本格的な論争の口火を切る形になると思いますので、ぜひご注目下さい。

**藤岡信勝**
拓殖大学客員教授

私の考えでは、本多勝一氏はどうやら情勢認識を間違っていると思っております。この論争をすれば本多氏の側が必ず負けます。とにかく徹底して、完膚なきまでに粉砕しようと思っております。そして朝日新聞には、この巨大な誤報についても、本多勝一氏の『中国の旅』も含めて、すべての南京事件の記事を取り消した上で廃業していただきたい。これが私の希望です。

（後記　本多勝一氏との論争は、週刊文春の十一月十三日号と、十二月二十五日号の二回にわたって掲載されました。間延びしたのは、間に選挙が入ったためで、論争をわかりにくいものにしています。また朝日新聞の慰安婦報道を検証する第三者委員会の報告書が、十二月二十二日に公表されました。そのなかで、吉田清治の証言のうち、慰安婦以外の強制連行の証言も検討すべきである、と提言しました。これに朝日がどう答えるか、見ものです。朝鮮人強制連行の嘘を徹底的に打ち砕かなければ、日本の戦後は終わりません）

**水島**　大変大事なご指摘を受けたと思います。私も『南京の真実』という映画の第一部をつくりましたが、来年の終戦後七十年を機に、第二部も発表したいと考えております。

**高清水**　続いて「新しい歴史教科書をつくる会」会長、杉原誠四郎様。

**杉原誠四郎**　先程の藤岡先生は、「新しい歴史教科書をつくる会」の前会長です。現会長は、私が務めさせていただいております。「つくる会」は一生懸命こういう問題に対して戦っております。私は大学の教員でしたの

**杉原誠四郎**
新しい歴史教科書をつくる会 会長

で、学校の学園祭で学生と一緒に、戦前、新聞はどんなことを報道したんだろうということをまとめて発表したことがあります。例えば、満州事変とか日華事変とか、日米開戦について、どんなことを書いていたかという記事を比べて展示したことがあります。そうすると、一番戦争をあおったというのが「右」とすると、一番「右」に来ていたのが朝日新聞なんですね。その次に来ていたのが毎日です。その次に来ていたのが読売です。

それが戦後になりますと、自虐的に一番「左」に行ったのが朝日です。その次に毎日が変わるんです。読売も変わるんですけども、変わり方が一番小さいのです。朝日を含め、彼らが戦争中にそういう方向をとった最大の理由は、戦争はもうかるからなんです。「戦争はもうかる」という言葉を合言葉にして戦争の話を勇ましく書きました。

その朝日ですが、しかし戦前も戦後も変わらないことが一つあります。何でしょう。それは日本にとって最も有害な記事を書いていることです。

戦後、そうした新聞は右から左へ移りましたけども、幸いなことに一つだけ新しい正当な新聞が出てきました。産経新聞です。これが今、果敢に正論を吐いております。もう一言ゴマをすると、チャンネル桜もがんばっています。

慰安婦の問題で申し上げますと、今、アメリカをはじめ、世界中に日本の従軍慰安婦の像がいっぱい建っております。そういうふうに、日本の名誉が三十二年間にわたって傷つけられてきたわけですけども、これは観念的には国家転覆罪にあたると思います。そこで考えてほしいんです。この国家転覆罪の主犯は、朝日新聞に違いありません。しかし共犯者がいる。誰でしょうか。日本の外務省です。たとえ朝日新聞の捏造報道があったとしても、新しい歴史的事実が発見されるたびに、外務省が外務省の役割として正しい事実を日本の国家声明として世界に発信していたら、慰安婦像が建っておりますか？　建つはずがないんです。この慰安婦問題において、外務省は明らかに共同正犯、つまり共犯者なんですね。

外務省は何という官庁でしょうか。日本が史実にないことでどんなに名誉を傷つけられていても平気なんですね。三十二年間にわたって嘘の事実による非難が世界中に広がっているのに、外務省は何もしなかったのですね。今後の日本を考えた時、外務省の改革なくして日本の再出発はありえませんね。

**高清水**　続きまして、作家で評論家の宮崎正弘様。

**宮崎正弘**　先ほど加瀬先生が三十九年前に、朝日と訴訟寸前までいったとおっしゃいました。私も五年前に『朝日新聞がなくなる日』という本を書いたんです。早すぎた。いま出ていればおそらくベストセラー。

冗談はそのくらいにしまして、朝日新聞を廃刊に追い込むとか倒産させるとか、いろいろおっしゃっているけれども、商業的に考えれば、そういう可能性はないと思います。それよりも朝日新聞が、読売新聞や産経新聞よりも右になる可能性があります。そうなると経営も回復して、国

宮崎正弘
作家・評論家

民のためにもなるんじゃないかと思います。現に朝日は戦争が終わるや、ＧＨＱ命令に唯々諾々《いいだくだく》と従って「戦後」の左翼世論を主導し、インチキの世論を形成し、情報を操作して、売国的報道に興じてきたが、なによりも、その路線が売れたからです。

大衆に迎合し、かつ高見から大衆を扇動したわけですが、基本にあるのは朝日新聞の鼻もちならない主知主義、傲慢な姿勢を誰もが知っています。

戦前の朝日新聞は「軍国主義を賛美し」「精神力で英米に勝てる」と主張していました。

そして部数を伸ばし、毎日新聞を抜いて日本一の部数を誇れたのも大衆の欲求を先取りして、戦争を扇動し、武士道を主導したからこそでした。だからこそ現実の日本が保守主義に傾き、時代の風潮が変わったことを朝日新聞が認識できれば、さっと変身するでしょう。

さて四月十七日、下関条約から百二十年、つまり日清戦争勝利百二十年。日本政府も外務省もやらないのならば、われわれ民間で「日清戦争百二十周年勝利集会」を展開しましょう。

**高清水**　引き続きまして、評論家の室谷克実様。

**室谷克実**　私はこのところ三週間ほど、戦時中の朝日新聞の社説を連日読んでおります。戦前の朝日新聞について書いた本はいろいろあるし、戦後の朝日新聞については、もうたくさんあります。ところが朝日新聞が戦中、何を書いていたかというと、どうも空白のようです。そこで『朝

**室谷克実**
評論家

日新聞「戦時社説」を読む』（毎日ワンズ）という本を出すことになり、朝日新聞の社説漬けになっているわけです。

　とても疲れる作業ですが、戦争中の朝日新聞の社説を読んでいると、東条英機さんは偉い人だったことが分かります。どうして靖国神社が、日本人みんなの心の故郷であるのかも、よく分かりました。

　三週間読みましたらお陰様で、すっかり軍国少年ではなくて、軍国老人になることができました。その意味では、「朝日新聞さん、ありがとう」でしょうか。

　しかしその新聞社は戦後シレッとして、国際共産主義の伝道人になるわけです。ところがソ連がつぶれてしまった。そうしたら今度は反日マゾの変態奉仕者になったわけです。ちょうどいいパートナーがいました。反日サドの韓国です。朝日の反日マゾと韓国の反日サドがピッタンコ。

　このコンビが日本の名誉をありとあらゆるところでおとしめてきたわけです。

　私は今、「朝日る」という言葉を流行語にできないだろうかと考えています。日本に関する悪口を外国と組んで広めること。これを「朝日る」という動詞にしてはどうか、ということです。過去形は「朝日った」。否定形は「朝日るな」。仮定形は「朝日れば」。

「朝日る朝日新聞に未来はない」——これを現実のことにしようではあり

ませんか。

**高清水**　続きまして、元駐ウクライナ兼モルドバ大使でいらっしゃいました馬渕睦夫先生。

**馬渕睦夫**　今般の朝日新聞記事捏造事件は、今日までわが国を封じ込めてきた「戦後東アジアレジーム」の終わりの始まりを象徴する事件といえます。大東亜戦争に軍事的に勝利したアメリカは、GHQ占領時代を通じて日本国民を精神的にも敗北させようと、洗脳工作を実施してきました。その有力な手段が、わが国のメディアなどの言論を検閲して日本人の思想を統制してきた、悪名高いプレスコードと呼ばれる言論検閲指針です。これが「戦後東アジアレジーム」の国内的側面でした。なお、この国外的側面が、中国、韓国、北朝鮮をして反日政策を取らせ、日本の再生を牽制することでした。

問題はわが国の独立後も、事実上この検閲指針が維持されメディアを縛ってきたことです。朝日新聞をはじめとする新聞やNHKなどのテレビ・ラジオが、なぜGHQによる検閲が終わったにもかかわらずプレスコードを破棄することができずに、一方で中韓北朝鮮に甘く、他方で日本自身をおとしめる報道を続けてきたのかが、戦後の日本封じ込め体制を解くカギになるのです。

公的にはプレスコードは失効しました。しかし、プレスコードの精神は生き残ったのです。その理由は、検閲指針を墨守《ぼくしゅ》することがわが国のメディアの既得権益となっていたからです。このメディアの既得権益こそ、敗戦利得者の自己増殖を招来し、今日に至る巨大な利権構造をつくり上げたのでした。政治その他の権力の横暴を批判する建前のメディアが、自らの権力の源泉であ

郵便はがき

料金受取人払郵便

牛込局承認

6893

差出有効期間
平成28年 3 月
31日まで
切手はいりません

162-8790

東京都新宿区矢来町114番地
神楽坂高橋ビル5F

株式会社ビジネス社

愛読者係行

| | | | |
|---|---|---|---|
| ご住所　〒<br>TEL:　(　　)　FAX:　(　　) | | | |
| フリガナ<br>お名前 | | 年齢 | 性別<br>男・女 |
| ご職業 | メールアドレスまたはFAX<br>メールまたはFAXによる新刊案内をご希望の方は、ご記入下さい。 | | |
| お買い上げ日・書店名<br>年　月　日　市区町村　書店 | | | |

ご購読ありがとうございました。今後の出版企画の参考に
致したいと存じますので、ぜひご意見をお聞かせください。

# 書籍名

お買い求めの動機

1　書店で見て　　2　新聞広告（紙名　　　　　　　　　）

3　書評・新刊紹介（掲載紙名　　　　　　　　　）

4　知人・同僚のすすめ　　5　上司、先生のすすめ　　6　その他

本書の装幀（カバー），デザインなどに関するご感想

1　洒落ていた　　2　めだっていた　　3　タイトルがよい

4　まあまあ　　5　よくない　　6　その他(　　　　　　　　　)

本書の定価についてご意見をお聞かせください

1　高い　　2　安い　　3　手ごろ　　4　その他(　　　　　　　　　)

本書についてご意見をお聞かせください

どんな出版をご希望ですか（著者、テーマなど）

**馬渕睦夫**
元駐ウクライナ兼モルドバ大使

る既得権益の侵害は絶対に許さないという横暴を続けてきたのです。彼らの既得権益とは言うまでもなく東京裁判史観であり、既得権益の擁護とはプレスコードを遵守することであったのです。私たちがメディアの洗脳に気づかなかったことが、メディアの度を過ぎた暴走を許す結果になりました。メディアの暴走とは、日本をおとしめる報道姿勢のことです。その最たるものが、朝日新聞であり、NHKなのです。

しかし、ようやく私たち一般の国民が洗脳の欺瞞に気づきました。この国民の覚醒が朝日新聞をして謝罪せざるをえない事態にまで追い込んだわけです。これまで、主として保守系の知識人によるメディアの反日姿勢に対する批判はありましたが、最終的に朝日新聞をここまで追い詰めたのは一般国民の力だったのです。その意味で、朝日新聞謝罪事件はわが國体の勝利と総括することができるでしょう。

つまり、朝日新聞は捏造でしか日本人をおとしめることができなかったのです。朝日新聞といえども真実を書いたのでは日本人をおとしめることはできなかった。私たちはそれだけ高い道義性をもった国民なのです。大東亜戦争にしろ、戦後のわが国の歩みにしろ、私たちは国家としてまた国民として道徳的に決して恥ずかしいことはしてこなかった。この私たちの誇りが捏造報道に勝利したと思います。これがわが國体が勝利したという意味です。

従って、「戦後東アジアレジーム」を完全に終わらせるためには、私たちは今回の成果を他の反日メディアの追及へと拡大しなければなりません。安倍総理のおっしゃる「日本を取り戻す」こととは、「戦後東アジアレジーム」を終焉させることなのです。そして、私たち自身の日本を愛する熱い思いを次世代の子孫に伝えてゆかなければなりません。その決意の表明が、今日の集会なのです。

**水島**　馬渕さんには、チャンネル桜の討論にもご出演いただいております。大変、優れた洞察、こういうものをお話しいただいております。それもぜひ、ご覧いただきたいと思います。

**高清水**　続きまして、ジャーナリストの水間政憲様。

**水間政憲**　実は八月五日、歴史的な朝日新聞の検証記事の三十八面に、雑誌『サピオ』と私のフルネームを入れた、批判記事を書かれたんです。はっきり言ってケンカを売られたんです。そのケンカがエネルギーとなって、今日発売で朝日新聞に対する回答を含めた本を出版しました。

それから九月十八日の『週刊新潮』のグラビアで記事になったんですが、その中で本多勝一が使っていた南京攻略戦の有名な女性群を移動している写真、それが「確かに誤用のようだ」と、間違いを認めました。それで「糺す会」にぜひやっていただきたいんですけど、『週刊文春』誌上で藤岡さんと本多勝一が論争するということなので、あの誤用写真は、本多勝一の著書の中で一対になっていたんです。一対の写真は現在、朝日新聞が文庫で出している『中国の旅』にも使われているんですよ。だからそれは、もう朝日新聞と一体として攻撃できる材料です。

**水間政憲**
ジャーナリスト

その朝日新聞は記事に私のフルネームを出すだけじゃなくて、サピオ編集部に「法的措置をとる」という一文が入っていたんですね。それに対してサピオの巻頭で私が無償で資料を提供しますから、共同研究をと呼びかけたんですけど、当然、朝日新聞はそれに反応しない。

朝日新聞は長く挺身隊と慰安婦を混同していました。この誤用に関しては、今回の本でもう「これでもか、これでもか」というくらい、戦前の『朝日グラフ』の写真をずらっと並べて、朝日のその「誤用」（捏造）をつぶせるようにしてあります。

そして皆さん、これからは国内より海外の方々と連携していただきたいんです。あるアメリカ在住の邦人の方から、「南京をアメリカ人にいくら説明しても無理だ。どういう説明をしたらいいんだろう」というメールが来ました。これについては朝日新聞だけでなく、たとえばニューヨーク・タイムズなんかの過去の記事をまずきちんと読んでいただきたいんですね。

「南京大虐殺」があったと主張する人は、おおむねその虐殺は六週間続いたと言います。その期間中の一月二十六日に、アメリカのアリソン領事というのが日本軍兵士に一発ビンタを張られているんです。それは南京で事故現場を規制しているのに、無理矢理入り込んできて、それで張られたのを「ビンタ事件」と言うんです。それはニューヨーク・タイムズで一月二十八日から三日間、連続で出ています。ロンドン・タイムズは一月二十八日から四日間連続。そのほか当時のロンドン、上海、フィリピンのラジオ放送でも、大々的に報道されているんです。
しかしその期間中、一月二十六日から一週間くらいの間に、ニューヨーク・タイムズには虐殺の記事、強姦の記事は一行も出ていません。だから当時、領事へのビンタ一発を上回る人権問題はなかったんですよ。そういうふうに説明すれば、多分アメリカ人は食いついてくるんじゃないか。まあ長くなりますので、今日はこの辺で失礼します。

**水島**　この集会は、ニコニコ動画で、今回初めて生中継をしております。現在、三千三百人（最終的には一万三千人）以上の人たちが、この中継をご覧になっております。引き続きまして、経世論研究所所長で中小企業診断士の三橋貴明様。

**三橋貴明**　朝日新聞の、いわゆる従軍慰安婦問題というのは、はっきり言いまして本当に氷山の一角の一角の一角に過ぎないんです。なぜこの、いわゆる従軍慰安婦問題が三十年以上も訂正されなかったのか。それは朝日新聞が売れていたからなんです。逆に言うと、日本国民がそういう記事を喜んで受け入れたという土壌があったからこそ、「嘘」が継続していたんです。戦前の朝日新聞は大東亜戦争を礼賛し、戦後は日本をおとしめるスタイルに「モデルチェンジ」を行いました。いずれにせよ、虚偽情報をまき散らしていることに変わりはない。それでもビジネスとして成立していた。
これは本当に根深い問題です。日本のインテリ層というのは、大きく二つの問題を抱えています。一つ目は、朝日新聞のように日本をおとしめることを言うことが「正しい」と、妙な勘違い

**三橋貴明**
「経世論研究所」所長・中小企業診断士

をしている連中が少なくないこと。今でも結構います。申し訳ないですが、保守派と呼ばれている方々の中にも大勢いる。保守と自称していながら、「日本は経済成長しないんだよ」とか「成熟国家だからもう成長しなくてもいいんだ」とか、そういうことを分かったような顔をして、平気で言ってのける方々がいます（ちなみに、三橋は自分を「保守」だとは思っていませんし、保守派を名乗ったこともありません）。

たぶん彼らは日本を悪く言う、あるいは「軽く言う」ことが気持ちいいんです。現実は、全然違います。日本は政府が正しい政策を打ちさえすれば、普通に経済成長します。それにもかかわらず保守派と自称する人たちまでもが、日本の経済成長を否定する。経済成長とは、ＧＤＰの拡大のことです。そして財政規模はＧＤＰと相関関係にあります。さらに安全保障は経済規模（ＧＤＰ）に依存するのです。このまま中国にＧＤＰで引き離されていき、五～十年後に中国のＧＤＰが日本の十倍になったとき、軍事費は多分十五倍です。そこまで経済規模、財政規模、軍事支出の規模で引き離されて、どうやって中国に立ち向かうんですかというリアルな問題を考えようとしない方々なんですね。

二つ目は、「皆さんと違って私は偉い人間ですから、自己批判できるんですよ」みたいに、妙な勘違いをしている人たちが日本のインテリ層には本当に多いのです。日本国民の中にも、そういう空気が蔓延しているように思えます。とはいえ、別に自己批判することが正しいとは思いません。

きちんと「事実」を語ることこそが正しい言論なのです。

私は、朝日新聞は倒産するべきだと思います。その上で、今起こっていることはほんの第一歩にすぎないという現実を理解してほしいのです。何しろ私たちは、戦後六十年以上、間違え続けていたのです。

これを正すのには最低四半世紀はかかります。二十五年以上かかるという話です。日本の情報のゆがみが正常化された時、この会場にいる八割以上の人は、たぶん死んでいるでしょう（笑）。それでもやらなくちゃいけない。皆さん、ぜひ頑張っていきましょう。

**水島**　本当にわれわれは、六十九年間もこういう状態を続けてきた。これは恥ずかしいことだと思います。先祖がどう見ているか。靖国におられる英霊の皆様がどう考えていられるか。すぐには成果は出ないかもしれない。小さい苗木を植えても、大木となるのは五十年後くらいです。われわれにその立派になった姿を見ることはできないけれども、私たちの先祖はそうやって日本を築いてきてくださった。今やることをやっていきましょう。続きまして、文芸評論家の小川榮太郎様。

**小川榮太郎**　私は小さい勉強会をやっているんですけど、この前うちの塾生と話しましたら、その友達が、「朝日新聞って捏造か何かで騒がれているでしょう。やっぱり、ちょっとよくない新聞だったんだね。とるのやめた」と言ったそうです。うちの塾生は、「やった！」と思った。そしたら、「今度は東京新聞にしたの」って。

**小川榮太郎**
文芸評論家

これは別に、落語のネタを提供しているんじゃないんですよ。実話なんです。ここにわれわれの盲点がある。朝日新聞を攻撃すれば、それで上手くいくわけじゃないんです。その方は決して、信念をもって東京新聞をとろうとしたわけではないんです。

朝日新聞が百点満点中、まあマイナス五十点だとしたら、東京新聞はマイナス二百点とか三百点の新聞です。もう反原発活動家の機関紙みたいな新聞ですからね。東京新聞や聖教新聞を読んでいたら、本当に日本で何が起こっているのか絶対に分からないんですよ。その業界のことしか分からない。そういう新聞が一応全国紙のような顔をしているわけです。

われわれはそういう全体的なことを考えないで、朝日というものを狙い撃ちしていてはいけない。狙い撃ちはするんですよ。朝日新聞に焦点を当てなければいけないんですけれども、いま三橋さんがおっしゃったように、朝日は氷山の一角にすぎないことを忘れてしまうと、看板が倒れるだけです。

昔、似たようなことがあったのを、ぜひ忘れないでいただきたいんです。日本社会党の看板が消えたと。やっぱりあんなイデオロギーはクズだった、万歳と。みんな保守派は喜び勇んで、次の時代が来るかと思ったら、来ました。民主党政権。

朝日新聞をはぐと東京新聞。社会党をはぐと民主党。それで河野洋平をはぐと、そこには河野太郎。そういうふうにわれわれの敵には、意外に充実したラインナップがあって、どこまでもそろっているんです。

こちらは憲法改正一つしようとしたって、憲法改正派の先生は三人ぐらい名前を挙げたら終わり。反対派は、いわば東京大学法学部を出た人全員です。こういう戦いなんだということを考えていただきたい。

同時にやっぱり必要なのは評論家じゃなくて、本当に体当たりをしていく人です。体当たりをして、命を的にしていく人間が必要なんです。そういう人間が水島さんを支えて、捨て石にならないとダメなんです。

私は本当に必要があれば、捨て石でOKなんです。ただ私の場合、命の捨てどころを決めているんです。これは安倍晋三。私は決めております。あの方を支えないと、日本における、こういう朝日との戦いそのものの土俵も終わってしまうんですね。

ただ命の捨て場というのは、本当にそれぞれが考えなければいけない。この思いを本当に心の中で静かに温められる人、そういう人が次の日本をきっとつくるんだと私も自分自身、そういう形で、いつも命の生かし場と捨て場と両方考えながら生きております。ぜひこの場の皆様も、これをきっかけに、朝日新聞に対して、明確に結果を出す追い込み方をする戦いを一緒に戦ってまいりましょう。

**高清水**　続きまして、作家でジャーナリストの西村幸祐様。

**西村幸祐**　つい先日、ある中華料理屋で食事をしていましたら、すぐそばに卒業間近の大学生の

**西村幸祐**

作家・ジャーナリスト

女の子とそのお母さんと思《おぼ》しき人が座っていました。後からそのお父さんも来て、一緒に食事をしていました。私との席は離れていましたが、会話が聞こえてくるんですね。女の子が誰それ君が朝日新聞に入ったのよって言ったら、そのお母さんが、「まあ、それはよかったわね」って。ですから、そういう人たちも、まだまだ世の中にいるんです。実は、そういうことを肝に銘じないといけないのです。

やはりそれだけ戦後六十九年間で、朝日新聞がたくわえたものが堅固なものとして存在しています。しかもそれが日本の社会のあらゆる部分、あらゆる局面で強固な根を張っています。そうした中で、少しも洗脳が解けていない人たちが数限りなくいるわけです。さらに逆に、東京新聞に走るような人もいるわけです。とにかく朝日新聞だけの問題ではなくて、朝日新聞を通して、戦後六十九年間の日本が透視できるということです。しっかりと日本の歪んだ姿が透けて見えてくる。

したがって、戦後日本の存在そのものを朝日新聞をフィルターとして見ることもできるわけで、われわれが倒さなければいけないものの正体はそこからはっきりと見えてくるわけです。

先ほどから多くの方々がＮＨＫの名前を出されましたけども、正にＮＨＫは朝日の共犯者です。つい最近のＮＨＫスペシャルでも、非常に手の込んだ、巧妙なプロパガンダを行っていました。この百年間の東京がいろいろな震災や戦災を経て、不死鳥のようによみがえって現在に続いているという非常にいいテーマで、過去のフィルムをデジタル処理で着色して、カラーにして見せるというNHKスペシャルでした。しかし、それも本当に巧妙で、一見分からないんですよ。はっきり分かってしまうと、『ジャパン・デビュー』のようになってしまうからです。『ジャパン・デビュー』の二の舞をしないように、巧妙に嘘を紛れ込ませて洗脳に導いていく。

NHKスペシャルで、珍しく三島由紀夫の姿が二回出ました。これは珍しいことです。NHKは少なくとも四十年間、ほとんど三島由紀夫を取り扱ってきませんでした。来年、死後四十五年ですから、少なくとも四十年間は三島由紀夫を意図的に無視してきました。しかし、本当に同じ番組に二回も出てきたのには驚いた。最後に登場した時、市谷台で自決する直前の演説のシーンですが、その映像にオーバーラップさせて、二・二六事件の映像を出すわけです。

つまり三島由紀夫の死が日本がかつて二・二六を契機に危ない時代に入っていったという誤った歴史認識を想起させるように、これからの日本は安倍政権で危なくなるというイメージを視聴者に植え付けようとしたわけです。

その前に登場させた三島由紀夫の姿は、戦後社会に対していろいろな感想を述べているアメリカのメディアに対して英語で答えているインタビューですが、それはもう完全に後半で使う印象操作を目立たなくさせるために、あるいは公平に扱ったというアリバイのために、あえて二回三島由紀夫を登場させたとしか思えない。そういうことを平気で行っています。

それからこれも多くの人が指摘しませんが、二〇一二年、NHKで放送された吉田茂を描いたドラマ、渡辺謙が吉田茂を演じたドラマがありましたけど、それは明らかに昭和天皇に対する悪意と敵意に満ちた番組だった。最後に昭和天皇が吉田茂逝去のニュースをラジオで聞くシーンがありますが、何と昭和天皇がそのニュースを聞いていた部屋の窓が天井のすぐ下、壁の一番上にあるんです。ありえないですよ。そういうことを平気でやります。

要するに刑務所を連想させるようなセットにしている。NHKはそういう反日プロパガンダを平然と、しかも陰険にやっているわけです。しかしそれは普通は見過ごしてしまうようなもので、そういう洗脳の素材を平気で混ぜる。それがまさにNHKの正体であって、朝日新聞の共犯者であることには変わりません。

TBSも同じです。TBSは平成三年、報道特集で吉田清治を登場させています。今はもう口を拭っていますが、もうほとんどが朝日新聞の共犯者であるということです。とにかくつぶしましょう。

**水島**　TBSの話が出ましたが、日本テレビもこの朝日新聞の八月五日の記事が出た時、「自分たちも吉田清治を何度か放送しました。でも問題が起きてから、それ以降は一切放送しておりません」と、これだけですましてしまった。まったく同じですよ。

**高清水**　続きまして、ジャーナリストの大高未貴様。

**大高未貴**　皆さん、朝日新聞のコマーシャル、見ていて恥ずかしくなりませんか。「朝日新聞を持ってプロポーズしよう」とか、一昔前までは「ジャーナリスト宣言」なんて言っていたんですよ。早く捏造宣言のCMやりなさいよと私は思います。

そして左巻きの連中は、こうして集まっているわれわれに対して「歴史修正主義者」とレッテル貼りをしますけれど、こっちも言い返しましょう。「歴史捏造主義者」とね。

大高未貴
ジャーナリスト

もう言いたいことは、山ほどありますけれども、昨年アメリカ西海岸で、在米華僑の抗日連合の人たち、それから慰安婦像を建てている在米韓国人を取材しました。特に、印象に残ったことは、抗日連合の会長の言葉でした。「日本の天皇は、南京大虐殺記念館に行って、ひざまずいて謝るべきだ」と。何を言っているのかという話ですよ。そして、日本を断罪する式典、イベントをやっていたんですけれども、彼らの狙いは何かと言うと、南京大虐殺と従軍慰安婦問題を足して合わせて、「日本はアジアのホロコーストを行った」ということを全米の教科書に載せることなんです。冗談じゃないですよ。

元は全部、朝日新聞発信の捏造、インチキ情報じゃないですか。ですからアメリカや海外で嘘ばっかり言って反日活動をやっている連中を解らせるための第一歩は、朝日新聞を追い込んで、一旦、廃刊。丸坊主にさせて、「日本人をなめると、ただじゃおかないぞ」というメッセージを発することなんです。今がいいチャンスです。がんばりましょう。

**小山和伸**
神奈川大学教授

**水島**　大高さんはお話しにならなかったんですけども、自称慰安婦の人たちの聞き取り調査をした安さんという韓国の学者さんに、大高さんが直接インタビューした映像をチャンネル桜で放送しました。「あの聞き取り調査はいい加減だった」ということを、ご自身がはっきりおっしゃっているんですよ。こういう大事な実証も彼女はやっております。

**高清水**　チャンネル桜のＹｏｕＴｕｂｅでも、ぜひご覧いただきたいと思います。続きまして、神奈川大学教授の小山和伸先生。

**小山和伸**　先日、朝日新聞が吉田清治の著書は嘘で、結局、慰安婦の強制連行の記事を撤回するということを発表したわけです。ところがその理由はこの手の問題について研究が遅れていたとか、資料が混乱していたとか言っているんです。これは嘘です。冗談じゃありません。

吉田清治が『私の戦争犯罪』を出版したのが昭和五十八年。これが韓国語に翻訳されたのが平成元年です。そして韓国語で翻訳が出るや否や、済州島の郷土史家・金奉玉という人が「これは嘘だ。こんなことはありえない」と発表しているんです。そして上杉千年《ちとし》さん、秦郁彦さんが現地調査をして、全面的に否定され、このことが表に出て平成七年には、吉田清治自身が「あの本は嘘だった」と言っているわけです。「そのくらい新聞だってやっているんだ。何が悪いんだ」なんて開き直ったんですよ。大変な親父です。それで結局、そのまま亡くなるわけです。

その本人の自供から十九年経っているじゃありませんか。それで資料の混同とか、「冗談じゃない。ちょっと歳のいった人なら、「挺身隊」が何だったのか、みんな知っていますよ。私だって親から聞いています。勤労動員で戦闘機の部品とかをつくっていた人たちのことなんです。それと売春婦と一緒にしてね。本当に冗談じゃない。

それと今、西村幸祐さんもおっしゃっていたけど、NHK。この罪科は朝日新聞とはケタ違いです。朝日新聞は気に入らないなら読まなければいい。購読料を払わなくていいんですよ。ところがNHKはどうですか。観なきゃ受信料を払わなくていいんですか。強制的に取られるじゃありませんか。それで払わなかったら裁判で訴えられるんですよ。そして財産の差し押さえまで行く。だから私はNHKと戦っているんです。

放送法六十四条。一言で言えば、「テレビを買ったら受信料を払わなきゃいけない」と書いてあるんだと言って、彼らはこの条文を振り回している。しかし四条には何て書いてあるんですか。「事実を曲げて報道してはいけない」「議論のある問題については両論を併記しなきゃいけない」。守っていますか、NHKは。

NHKはね、放送法、放送法って視聴者に対する義務規定を主張するけど、自分たち放送業者に対する義務規定は守っているのか。自分の義務は守らないで、相手に対する義務だけを守らせるということでしょう。NHKには放送法を盾にとる資格がない。六十四条を振り回すんだったら、まず四条を守れと。

それで私は受信料を払う必要はないんだということで、戦っています。裁判では結果的に負けるんだけれど、ただこの前、高裁の傍論のところで、「仮にNHKが一方的に事実を曲げて自己の主張をするようなことを放送を通じて行い続けるのであれば、契約者の側から契約を破棄するという方法がないとは言えない」といった言葉が出てきた。非常に間接的な表現だけど、そういう表現が出てきた。勝てますよ。戦いましょう。必ず勝つ。朝日新聞は言うに及ばず、NHKも解体する。がんばりましょう。

**水島**　今いろんな方がNHKに対して戦い続けてくれております。放送と新聞の違いはありますけど、本当に二大反日メディアですので、これを滅ぼさなけりゃいけないと思います。

**高清水**　続きまして、朝鮮問題研究家の松木國俊様。

**松木國俊**　国連から「性奴隷に対する罪を認め、責任者を処罰せよ」と責められ、日本が世界の野蛮国にされたのは、誰が見ても朝日新聞の報道が原因です。「訂正」や「取り消し」ですむ問題ではない。ここまで日本をおとしめた責任を認め、社長以下社員全員が頭を丸め、国民の前に土下座して謝罪するのが当たり前ではないでしょうか。ところが往生際が悪いんですね。「慰安婦の問題は強制連行の有無ではなく、女性の人権問題」と狡猾に論点をずらし、日本の責任範囲を無制限に拡大して、どこまでも日本人を野蛮人におとしめ続けています。

朝日新聞は、いったいなぜ日本をここまでおとしめるのでしょうか。彼らは日本人が他国並みに愛国心をもつと、また侵略戦争を起こすと本気で信じているんです。戦後のGHQによる歴史

**松木國俊**
朝鮮問題研究家

捏造を真に受けて、なまじ日本人が自信と誇りをもち、愛国心に目覚めれば必ず軍国主義が復活し、また戦争を起こすに決まっていると考えているのです。

だからこそ戦後一貫して彼らは日の丸と君が代を敵視し、慰安婦問題をはじめ嘘八百の記事を捏造して、日本人から誇りと自信を奪い取ってきました。日本さえ戦争を起こさなければ、アジアは永遠に平和である。日本人が愛国心を持つぐらいなら、むしろ日本など滅びてしまったほうが人類のためである。朝日新聞の発想の原点はそこにあるに違いありません。

しかし日本って、そんな侵略戦争を起こすような国でしょうか。違います。あの支那事変だって、コミンテルンの策謀に日本は乗せられて、いやいやながら引きずり込まれたものです。大東亜戦争も日本は生きる道を閉ざされたがゆえに、やむをえず立ち上がったのです。日露戦争そして大東亜戦争の結果、白人の植民地支配は終わりました。後世の歴史家は日本こそが白人の地球支配を未然に防いだと賞賛するでしょう。

日本が侵略戦争を起こしたなどとんでもありません。聖徳太子の十七条の憲法の第一条にも「和を以て貴しとなす」とあるように、日本人は古来より世界でも稀な平和を愛する民族であります。

しかし、あろうことか朝日新聞は平和を愛し、白人からアジアを守った私たちの父祖を「好戦的野蛮人」と断定し、ひとりよがりの「ゆがんだ使命感」によって日本の名誉をおとしめ、愛国心の芽を摘み取ってきました。もはや朝日新聞は売国奴を通り越した、狂信的カルト集団以外の何者でもありません。

ニートや引きこもりが増えたのも、カルト集団である朝日新聞が日本の若者から日本人としての自信と誇りをむしり取ったからに相違ありません。「お前の体には日本人という汚い血が流れている」と教えられて、一体誰が人生の困難に立ち向かう勇気を持てるでしょう。日本人の精神は退廃し、国力は衰退します。

一方、周りに目を転じれば、二十一世紀のアジアは中国の台頭で弱肉強食の状態が続くでしょう。日本人が自国を愛し、祖国を自ら守る気概をもっていなければ、隣の中国から、いつ日本の国土が奪い取られてしまうかも知れません。

今の状態が続けば、朝日新聞という恐るべきカルト集団によって日本という国は本当につぶされてしまいます。しかしそうさせてはいけません。この美しい日本を、朝日新聞ごときにつぶされてなるものですか。朝日新聞が日本をつぶす前に、日本人が朝日新聞をつぶさねばなりません。今こそ私たちはお互いみんなで一緒に力を合わせて、朝日新聞に鉄槌を下し、そしてとどめを刺そうではありませんか。一緒に朝日新聞のお葬式を出してあげましょう。皆さん、共にがんばりましょう。

**水島**　本当に葬式を出したい。出しましょう。続きまして評論家の三浦小太郎様。

**三浦小太郎**　朝日新聞について、まず申し上げたいことがございます。一九九五年のことです。

**三浦小太郎**
評論家

北朝鮮の強制収容所体験者である脱出してきた二人の脱北者、カンチョルファン、アンヒョクという方が日本の市民団体に招かれて来日、全国で講演会を行いました。その時、北朝鮮の強制収容所には、一九六〇年代の帰国事業の際、夫の朝鮮人とともに北朝鮮に渡った日本人妻も複数収容されていて、ひどい拷問を受けているということを証言しました。当時、この講演を聴いた朝日新聞の記者が、この話に大変驚いて、二人の証言者にこのことについて原稿を書き、ぜひこれを朝日新聞に載せますと言ってくださいました。しかし、当時の朝日新聞の上のほうの人が結局ボツにしてしまいました。十分な証拠がないからということのようです。じゃあ慰安婦を済州島で強制連行したとか、日本軍が何十万人南京で虐殺したとかには、十分な証拠があって載せたんでしょうか。

私が朝日新聞を批判すると、「中には立派な記者もいるじゃないか」と言う人がいます。それは知っています。しかし今、朝日新聞の中の立派な人、歴史を事実に基づいて公正に評価しようとか、北朝鮮や中国の人権弾圧をきちんと報じようとかしている記者の人たちを支援したいのなら、私たちは朝日新聞をこのままならば廃刊させるぞ、これまでの誤報の責任を取らせるぞという声を強く上げていかなければならないのです。朝日は自分から吉田証言を取り消したのではありません。長い年月、言論人の方々、運動家の方々が訴え続けてきたからこそ今回の記事取り消しがあるのです。

来年はいろんな節目の年ですが、サイゴン陥落四十周年でもあるのです。このベトナム戦争の時に、北ベトナム、そしてベトコンの共産主義者を大いに応援したのが朝日新聞です。しかし北ベトナムが事実上南を侵略して戦争が終わった後、実はベトナム政府は多くの政治犯を収容所で虐待し、またたくさんのベトナム難民がボートピープルになりました。そのことに対して、朝日新聞がベトナム報道に不公正な面があったとは一回でも言ったことはありません。

さらに言えば、日本が侵略戦争をしたと声高に批判する朝日新聞はチベットやウイグル、そして南モンゴルをいまだに「植民地化」している中国に対して、植民地を放棄せよ、侵略を止めよと言ったことはありません。朝日新聞の記事で、これらの地域の事件や人権弾圧について触れることは多少あります。しかし、これが中国による他民族の植民地支配だとは言いません。北朝鮮、北ベトナム、そして中国共産党、これらの独裁政権による侵略と戦った人々にとって朝日新聞は自由の敵だったのです。

ここにいらっしゃる皆さんの背後には、名誉を傷つけられた英霊の方々がいらっしゃいます。しかし同時に、朝日新聞によって侮辱され今も無視されている、共産党独裁体制に抗して殺されていった、アジアの自由のために戦った人たちもいます。このことを忘れずにいきましょう。

**高清水**　続きまして、なでしこアクション代表の山本優美子様。

**山本優美子**　私は七月にジュネーブの国連の自由権規約委員会の傍聴に行きました。その時、委員に資料を渡したんです。どんな資料かと言いますと「慰安婦は性奴隷ではありません。クマラ

**山本優美子**
「なでしこアクション」代表

スワミ報告は、吉田清治の嘘の証言に基づいて書かれているので、〝慰安婦＝性奴隷〟の根拠にはなりません」ということを書いたものです。すると国連スタッフに何と言われたか。「あなたはリビジョニストですね」と。〝歴史修正主義者〟ですねって。私は国連の人権委員会に行って、リビジョニストと決めつけられる人権侵害を受けたことになります。

そのあと八月に朝日の報道がありました。仮に朝日のこの報道の後に、私が国連の人権委員会に行ったとしても、今の状況では、やはりリビジョニストと呼ばれてしまったと思います。要は国際的には今も何も変わっていないんです。ではこれをどうして変えたらいいか。

最近すごくいい動きがありました。国際的に海外で「慰安婦＝性奴隷」というのが広まっているのはおかしいと。日本政府は正しい適切な対応をしろという地方議会の陳情・請願・決議・意見書が私のカウントした限りで十四、採択されています。これは非常にいい動きなんです。なぜかと言いますと、これは使えるんです。国内の決議・意見書なんですけど、使えるんですよ。どうして使えるかというと、個人の私はリビジョニストと呼ばれてしまいましたが、その後ろに日本の地方議会が「慰安婦＝性奴隷」は嘘だと決議しているんだという事実があれば、それが私のバックになりえるんです。

要は国際的に発信する時、「日本の議会がこういうふうに決議しているんですよ」という証拠になるんですね。これは国際的に国連などで意見を発する時に資料になりますし、たとえばグレンデールの慰安婦像撤去訴訟でも、これが使えるんです。だからぜひ皆さんがご自宅に帰った時、協力して下さる地方議員さんに声をかけて、こういった決議や意見書を採択するように働きかけて下さい。

しかし一方で、「日本政府は謝罪と賠償をすべきである」という決議はすでに四十以上あるんですよ。だからそれに勝たなきゃいけないんです。十四から、その四十を超える数の決議をすれば、オセロゲームのように黒が白に替わる。「慰安婦＝性奴隷」は嘘であるという発信力になります。

もう一つ、朝日新聞関連で言わせていただきますと、もう亡くなりましたが、松井やよりさんという朝日新聞の記者がいました。彼女が実行委員だった二〇〇〇年に行われた集会をご存じですか？「日本軍性奴隷制を裁く2000年女性国際戦犯法廷」という、これは今で言う、日本国に対するヘイト・スピーチ集会だと私は思うんですよ。この集会で、「昭和天皇は性奴隷制と強姦で、人道に対する罪として有罪である」と言ったんですよ。これ以上のヘイト・スピーチはないんじゃないですか。

その〝有罪判決〟が出たのは二〇〇〇年十二月十二日なんですよ。それでこの同じ日に憲政会館での集会を計画しました。私はこの「女性戦犯法廷」で何が一番悔しいかというと、集会名の頭になぜ「女性」とついているのかということです。ここにいらっしゃる女性の方々、大勢いらっしゃいますけど、なんで「女性」がついているんですか。腹が立ちませんか。一回女性を集めて、同じ日に声を挙げましょうということで、十二月十二日に憲政会館で集会を開きます。これは女性しか登壇できません。男性にはぜひ席に座っていただき、歓声と野次とで、とにかく応援していただきたいんです。

そのあと私は十三日にサンフランシスコ、十四日にロサンゼルスに行きます。そして皆さんの十二日で盛り上がった思いを、アメリカにも伝えに行きたいと思います。せっかく朝日新聞が謝ってくれたんですから、それを最大限に利用して、これから廃刊に向けてがんばりましょう。

**水島**　チャンネル桜でも十一月から世界中に向けて、英語オンリーのインターネット放送を開始します。本当はＮＨＫがやるべきことなんですけど、ＮＨＫは絶対にやりませんから、こういうことをまずわれわれがやっていく。文句だけ言っているんじゃなくて、具体的にカウンターをしていくということをやりたいと思います。

**高清水**　このたび弁護団を結成することになりましたので、その代表の弁護士の先生お二方にご登壇いただきたいと思います。荒木田修弁護士と尾崎幸廣弁護士です。

**水島**　お二人は高池先生とともに、ＮＨＫの一万人集団訴訟を主導していただいた弁護士さんです。

**荒木田修**　長年、朝日新聞の論調に沿う運動をしてきている日本弁護士連合会では、ここにいる私たち弁護士は圧倒的少数派です。でも私たちには志があります。日本の歴史、文化、伝統を守

**荒木田修**
弁護士

るという信念に基づいて行動してきました。

私は八月五日、六日に例の朝日新聞の自供記事が出て、それを読んだ瞬間、「これはきっと裁判になるな」と思いました。以後、目につく限りのこれに関連する新聞、雑誌、週刊誌など、片っ端から購入し、取り寄せて読んできました。三か月間、この関係の記事ばかり読んできました。これを事務所で積み重ねたところ、今や子供の背丈くらいになっています。それでいずれバッシング報道は収束するだろうから、訴状はそれから書き始めようと思っているんですけれど、朝日新聞バッシングはなかなか終わらないんですね。あとから、あとからで。まあ、それは大変結構なことだと思っています。でも、どこかで書き始めないといけません。私たちは裁判所で朝日新聞の、日本国および日本国民に対する加害行為を弾劾します。

ちょっと違う話をします。ここにいらっしゃる皆さんは、慰安婦の強制連行なんていうのはあるわけがない、あったわけがないと固く思っていらっしゃるし、まったくその通りなんですが、これは誰も言わないから私が言います。日本人は実に順法精神に富んだ、生真面目で規律正しい民族なんですよ。法治の国です。お隣の国、さらにその隣の国とは全然違うんです。私はこの業界にいますから、常々「なんて日本人というのはよく法律を守るんだろう」と思います。諸外国と比べて本当にそうなんです。

それで何を言いたいかと言いますと、強制連行という、吉田なにがしの書いたものを読みますと、ある日突然、村だか町だかにトラックでやってきて、そこらにいる若い女性をさらってトラックに放り込んで連れていって強姦したという話なんでしょう。しかし、あの当時、半島は日本帝国の一部だったんじゃないですか。そうすると帝国憲法が施行されていたはずなんです。帝国憲法は世界に冠たる近代憲法で、日本臣民は居住・移転の自由が認められ、また法律によらずして逮捕・監禁されることはなかったんです。そして、半島人も日本臣民だったはずなんですよ。それが証拠に、「内鮮一体」とか「一視同仁」とかいう言葉が使われていたじゃないですか。半島人も同じように扱ってきたはずなんですよ。それにもかかわらず、あんなに明白に憲法・刑法・刑事訴訟法を無視するやり方をするわけがないし、できるわけがないですよ。

いいですか、律儀な日本人が刑法・刑事訴訟法あるいは軍刑法をまったく無視して、あんなことをするわけがない、できるわけがない。誰も言わないから付け足しておきます。あんな話は法制的にも、そもそもありえないんです。

それで実は八月の記事が出たあと、これは忘れないうちにお伝えしておきたいんですが、私自身はたちどころに頭の中に訴訟の構造というか、そういうものができあがったんです。NHKのときは、原告一万人でしたから、今度は、二万、十万……百万人というのも景気づけにいいかなあと思って。NHKの一万人の時だって大変だったんですよ。裁判所は、その原告の目録をつくるだけで大変だったみたいです。そして今は一万五千ですね。足りませんよ。

しかし実は急遽、同志の弁護士が集まったところ、弁護士間に訴訟方針について意見の相違が生じました。私の考え、また水島総さんの考えは、日本の「オール保守」でやろうと思っている。ところが、「そういうやり方は左翼のやり方だ」という意見が出まして、まあ私は違うと思うんだけれども、結局、別々にやることになりました。だから、これからどの時点か分かりませんけど、訴訟が少なくとも二本起こります。だから皆さんが誤認されるかも知りませんけど、私どもは二万、五万、十万でやりたいと思っています。ここにいらっしゃる方、全員、訴訟委任状に署名して判子を押して下さい。そして口頭弁論期日には、東京地方裁判所を取り囲んで下さい。ご案内の通り、ＮＨＫの東京高裁は勝ちましたから、あの時のようにやろうと思います。

裁判所も少しずつスタンスが変わってきていると思うんですね。それと、朝日は三十二年間の嘘を周辺から追いつめられて自供に追い込まれました。ここの集会では皆さん一緒になって、「朝日をつぶせ、廃刊しろ」という追撃戦をやろうとしているんだけれども、彼らは狡猾ですよ。実はぞっとするある想定が私にはあるんです。彼らが火のないところに火をつけて、嘘が世界中に広まって、もうどこから手を付けていいか分からないところまで燃え広がっているんです。だから渡部先生が冒頭に、朝日の社長以下がお詫び行脚にまわってもらいたいとおっしゃいましたが、私たちはもう手が付けられないところまでやられちゃっている。日本および日本国民をおとしめることが朝日新聞の目的であるとするならば、彼らはもうその目的を遂げているんです。それで「強制連行はなかったけれども、強制性はあったので、これからも変わらぬ姿勢で慰安婦報道を続ける」と言っているんだから、追撃戦をやろうとしているのは、驚いたことに私たちではなく朝日新聞なんです。そうなると私たちがこれからすることは追撃戦ではなく、日本国と日本国民を守るための祖国防衛戦争です。武器・弾薬・食糧・燃料の補給をお願いします。

私は弁護士であって、アジテーターじゃないんですけど、今日は何となくアジテーターっぽくなりました。いずれにしろ、最後までがんばります。ただ法律の世界は難しい理屈がありますから、最終局面は楽観できません。でも、とにかく朝日に対し、継続、反復して攻撃を続けたいと思います。

**水島**　荒木田先生は本当にこれを最大の自分の生涯の戦いにするというお覚悟で、いろんな訴状の製作などをなさっていただいております。先ほど言いましたように、国民運動と裁判闘争を一緒にやろうという流れと、純粋に裁判としてやりたいという皆さんとの違いが出ました。私たちはNHKと同じように、国民運動の中で裁判もあるんだという形でやっていきたいと思います。どちらも応援していただきたいと思いますけど、私たちは、そういう道を選びたいと思いました。荒木田先生とともに歩みたいと思っております。そして尾崎先生です。NHKの裁判の時は、本当に訴状から何からいろんな形で中心になって働いていただきました。

**尾崎幸廣**　荒木田先生とまったく同じ考えで、これからがんばっていきたいと思います。こんなにたくさんの方に来ていただきまして、お顔を拝見しますと、NHK裁判で毎回傍聴しに来ていただいた方もたくさんおられる。ああいうふうに傍聴に来られるというのは、われわれにとって

**尾崎幸廣**
弁護士

非常に力になるんです。元気が出る。傍聴席をわれわれの陣営で埋め尽くす。朝日の関係者は一人も入れないという覚悟で戦えるとありがたいと思います。

反日派は、本心では日本人の勇気を恐れています。中韓もその手先の朝日新聞も日本人が本気で怒ったらどれほど強いかを身に染みて知っています。この訴訟は長年の恨みを晴らす絶好の機会です。

**水島**　ＮＨＫ裁判で、尾崎先生が証人で出てきたディレクターに法廷で尋問したんですけど、これは、もう息をのむぐらい迫力ある尋問でお見事でした。こういう弁護士の先生方が先頭に立って、朝日新聞と戦ってくれます。

**高清水**　そして「朝日新聞を糺す地方議員の会」の先生方もお集まりです。お名前をお呼びします。静岡県函南町議会議員、植松和子先生。東京都杉並区会議員、松浦芳子先生。東京都荒川区議会議員、小坂英二先生。神奈川県大和市議会議員、山本光宏先生。前東京都議会議員、土屋たかゆき先生。前東京都議会議員、吉田康一郎先生。前千葉県我孫子市議会議員、久野晋作先生。神奈川県秦野市議会議員、小菅基司先生。千葉県松戸市議会議員、桜井秀三先生。一言ずつお願いします。

**植松和子**　いよいよ決戦の時が来ました。皆さま、心を一つにして戦ってまいりましょう。私がこのことを決心しましたのは、日本を守るために命を懸けてくれた、特攻隊の人たち、その人たちに申し訳がないということ

**植松和子**
「朝日新聞を糺す地方議員の会」代表・
静岡県函南町議会議員

の一心でございました。私たち、いまだ命があります。命を懸けて戦った人たちのために、彼らは後ろにちゃんとついてくれていますので、一緒に戦ってまいりましょう。どうぞ皆様、よろしくお願いします。

昔、特攻隊の教官だった田形竹尾先生がおっしゃいました。田形先生の講演会をする時に、「先生、五十人しか集まらないんです」と言ったら、「ああ、百人か」と言ったんですね。一人が一人を集めてくれれば、五十人が百人になるということだったんです。今集まっている一万五千人の方が、お一人ずつ声をかけて下さい。三万人になります。ですから十万人は夢ではありません。どうかよろしくお願いします。

**松浦芳子**　このたび「慰安婦像設置に抗議する全国地方議員の会」というのを立ち上げまして、賛同議員約三百三十人のお名前を携えて、アメリカに行ってまいりました。しかし河野談話があるではないか、地方議会の意見書があるではないかということを向こうの方々から言われました。日本に帰ってから署名活動が始まりましたが、この中にも駅頭に立って下さった方、署名を送って下さった方、たくさんいらっしゃいます。本当に心から感謝します。そしてその署名を中山成彬先生と一緒に、菅官房長官にお渡しに行きました。短い時間ですから、私は言いたいことをとにかく官房長官に言わなくちゃと思いまして、「官房長官、河野談話に軍の強制連行は一つも書いてありませんし、二十万人という言葉も書いてないじゃないですか。これからの子供たちのために、ぜひよろしくお願いします」と申し上げましたら、「分かっているよ！　分かっているよ！やるよ！」という感じでおっしゃって下さいました。本当に心強いと思います。

そしてその後、前杉並区長の山田宏衆議院議員が国会でがんばってくれております。国会議員が国会議員としてがんばり、そして地方議員が地方議員としてがんばる。私たち国民一同ががんばれば、日本は必ず次の世代にいい日本をつなげると思います。

**吉田康一郎**　朝日新聞の捏造はこれで謝罪して終わりではありません。今、反日勢力は「第二の吉田清治」をでっち上げようとしています。

デイビッド・マクニールという反日ジャーナリストが、相模原市に住む元牧師で衛生兵だったという松本栄好という人の不正確な証言をでたらめな論文にして、ニューヨーク・タイムズに載せようとした。これをマイケル・ヨンというジャーナリストがおかしいと思って調べ、この論文は事実ではないとニューヨーク・タイムズへの掲載を止めてくれました。

今、新たな捏造を反日勢力が行おうとしている。そして朝日新聞もいまだに英語版では謝っていませんし、吉田清治の捏造証言だけをなかったことにして、ほかの南京大虐殺やら何やらでたらめな報道は続けて、日本を滅亡させようとしています。

皆様とともに反日朝日新聞を徹底的に追い詰め、廃刊させ、日本の新しい夜明けをつくりましょう。

**松浦芳子**
東京都杉並区議会議員

**土屋たかゆき**　生まれてこの方、ＮＨＫの受信料は一度も払ったことがない前都議会議員の土屋たかゆきです。

今回、朝日新聞が捏造ということで謝ったのは大きな前進だと思います。まあ、これは理解できますけども、しかしながら木村さんという社長は、「広い意味では強制性はあった。この前、韓国に行って韓国は日本のお兄さんだと思った」などと言っている。ふざけたことを言うな！　日本と韓国の間で問題になっている「日本海」の呼称も、彼は「東海」と呼んでいるんです。これが朝日新聞の姿勢なんです。

よそのマスコミだって同じですよ。私が都議会で過激な性教育を攻撃した時、ＴＢＳは「過激性教育は賛成だ」と言ったんですよ。国旗国歌を石原慎太郎知事とともにワースト・ワンからベスト・ワンにした時、私を攻撃したのはＴＢＳと東京新聞なんです。ですから朝日新聞だけが問題ではなくて、日本のマスコミ総体がヤルタ・ポツダム体制の中に組み込まれている。

そしてこれからやらなければいけないのは、木村さんの責任もそうですけども植村さんという元記者です。北海道の北星学園大学に彼はいます。そこに抗議が殺到して、彼が何と言ったかというと、「大変な脅迫を受けている」と。冗談じゃないですよ。彼らを支援するフェイスブックを見ると、「国賊だとか、売国奴とか、そういう言葉が飛び交うのはおかしい」といったことが書かれている。しかし国賊でしょう。売国奴でしょう。そう言って何がいけないんですか。

**吉田康一郎**
前東京都議会議員

**土屋たかゆき**
前東京都議会議員

三十二年の間、日本人の権威がどれだけ失墜したか。私の知り合いの帰国子女もかなりいじめられたといいます。そういう人たちの人権はどうなるんですか。帝国陸軍の、海軍の兵士の、その人たちの人権を、どう考えているんですか。自分たちがちょっと批判されると、左翼のくせに官憲の庇護のもとに走り、「私たちはいじめられているんだ」と言う。とんでもない奴らです。

ですからこれからもこういう人たちを国賊、売国奴だと、はっきり言い続けることが必要です。最後に次世代の党などは別ですけども、国会のあり方にちょっと付け加えさせていただきます。放送局は総務委員会の担当ですが、なぜNHKの偏向について質問しないんですか。私は理解できません。木村社長や植村さん、そして河野さん、彼らをなぜ証人喚問しないのか。それを議運で議論しないのか。私はまったく理解ができません。

皆さんに見ていただきたいのは、自民党の政権奪取時の政策集です。そこには「河野談話を破棄する」と書いてあったんですよ。政権をとったら「河野談話を見直す」。もう情けないったらありゃしないんですよ。私は自民党学生部の出身で、まあ民主党からちょっと仕方なく都議会議員になってしまったんですけれども、情けないと思いますよ。やっぱり国会議員が発言するということが必要です。

あのオーストラリアの首相が、カナダでテロがあった時に何て言ったか。「私たちの兄弟の国であるカナダをこのように攻撃をしたイスラム国に対

**小坂英二**
東京都荒川区議会議員

して、私たちは整然と毅然と対峙する」と言っているじゃないですか。菅官房長官のあのやる気のない発言とか意見とか、あんなのは外国に通用しないですよ。外国と同じことをやって下さい。

**小坂英二**　皆さま、「天声人語書き写しノート」というのをご存じでしょうか。あの朝日新聞の悪文を毎日、毎日、ノートに書き写す。そうすると、文章力、表現力が上がるというカルトのようなノートがあります。それがなんと累積二百五十万部も売れています。その多くの使い先はどこかというと学校現場です。

荒川区でも日暮里地域にある中学校、まあ一校しかないですが、その中学校で朝日新聞のみを使った書き写し、これで文章力を上げるというのをやっていて、私は徹底的に議会で追及し、やめさせました。しかし先日の本会議で先人をおとしめ、事実をねじ曲げる新聞をこれ以上、教育現場で使うべきでない、朝日新聞は学校教育で使うべきではないと質問したところ、残念ながらそれは受け入れられず、それぞれの新聞を平等に使うという話をしていました。

しかしそれであるならば、荒川区には三十四の小中学校がありますが、なぜか産経新聞は三分の一の学校でとっておらず、朝日新聞は全校でとっている。さらに産経よりずっと部数が少ない毎日新聞と東京新聞も、ほとんどすべての学校でとっている。平等と言いながら平等にやっていない現状があり、これも来年度から全部、その偏りをなくすようにさせる方向になりました。そういうことを一つ一つ地方議会で正していく。非常に重要なことだと思っています。

さらにもう一つお話しすると、朝日新聞の「朝日写真ニュース」という壁に掲示板を設置してニュースを貼るものがあります。学校の廊下によく貼ってあります。あれは何かというと企業の寄付で、それぞれの近くの小学校に寄付すると、企業の宣伝になって社会貢献にもなるというんですが、あれのどこが社会貢献だという話です。

一方、ほかの新聞社のそういったものはほとんど見かけない。朝日新聞の写真と文章には、やはり偏りがある。そういうものを子供たちが日々通るところで掲示し、見せているという現状。それについては残念ながら、議会で質問しても是正はできませんでした。こうした一つ一つのことを、皆様のお住まいの自治体で、役所、教育委員会、そしてご地元の地方議員に対して、私がお話ししたようなこと、現状はどうなんだと、荒川区ではこういう話を聞いたが、地元ではどうなんだという情報を確認していただいて、もしおかしければ、それを正すように働きかけていただきたいと思います。

朝日新聞の一日も早く廃刊を願って、私も先頭に立って戦うことをお誓い申し上げて、ご挨拶とさせていただきます。

**山本光宏**
大和市議会議員

**山本光宏**　前の小坂議員の話に続き、学校現場での新聞について少々ご報告申し上げます。実際、地方自治体の問題として、今までなかなか話があがらなかったことだと思います。実は文部科学省が年間十五億円を支給して、学校が新聞を購入するための補助交付がなされているんです。それを一校あたりで計算すると、一校当たり一紙という形になるんですね。となると、どの新聞をとるのかとなった場合、可能性として考えたら教育現場ですから朝日新聞となる可能性が大変高いんです。

ですからぜひ皆さん方に声を大にして教育現場や自治体に言っていただきたいことは、「なぜ朝日新聞だけをとるんだ」ということです。もし「一紙しかとれないんです。お金がないんです」と言ったら、「だったら産経新聞でもいいじゃないか。やまと新聞でもいいじゃないか」ということを言っていただきたい。平成二十二年度の文部科学省の調査では、大体二割ぐらいの学校にしか新聞は入れていないという調査があります。そうなると、これから残り八割に入っていく。せっかく皆さん方が朝日新聞をとらないんだと言ってても公のお金で新聞をとってしまう形になると、息を吹き返してしまう可能性がある。皆さん方のお力で、そういった教育現場からも駆逐することをしていきましょう。

**久野晋作**　先ほどなでしこアクションの山本様からお話がありましたように、平成二十二年に全国の地方議会に対して「慰安婦に対する謝罪を求める」という主旨の請願が提出され、四十以上の地方議会において可決されてしまったことがありました。大変申し訳ないことながら、私が籍を置いていた我孫子市議会も可決をしてしまった議会の一つでしたが、「慰安婦に対する謝罪を求める」請願に対して「採択すべきではない」との反対討論をしたのは、私ただ一人でした。

何が言いたいかと申しますと、本来前面に立ち、国家の尊厳、先人の名誉を守るべき自民党に籍を置く方々は得てして口をつぐみ、戦わないということです。ここがポイントです。もう一つのポイントは現在の政権もそうなのですが、地方議会の議会構成をよく確認していただきたいということです。つまりどの会派が第一党になっているか。どの会派（政党）がキャスティング・ボートを握っているのか？　を皆さんにぜひご確認をいただきたいのです。

本年、地方議会においてさまざまな不祥事が生じ、大変情けない思いをしています。しかし、不祥事に手を染めてしまう者は三万人以上いる地方議員のうちのごく一部です。しっかりと活動している議員が決して少なくないことをご理解いただきたいとともに、より大切なこととして正しい歴史観や国家観をもった人物を地方議会の場にしっかりと送り込んでいただきたいのです。そうでなければ、地方議会でこのような形の請願が採択され、海外における捏造を広める一つの証拠となってしまいます。

**久野晋作**
前千葉県我孫子市議会議員

しかしながら、投票率は年々下がる一方です。このことにより得をし、勢力を伸ばし、日に日に影響力を増しているのは一体どこなのかを確認していただきたいのです。こうした現状を変えずして、果たして真に日本を取り戻すことができるのか？　ということです。

朝日新聞を糺し、真に日本を取り戻すための「始めの一歩」を皆さんと力強く踏み出していきたいと思います。共に頑張って参りましょう。

**小菅基司**　秦野市議会議員の小菅基司でございます。私はこの朝日の捏造問題は、やはり先人の名誉回復が一番であると思っております。

先ほども話題になっておりましたが、戦後日本を支配した米国が仕かけたウォー・ギルト・インフォメーション・プログラムによって今なお、米国やロシアが行った戦争犯罪を日本人が行ったようにすりかえられ、歴史がねじ曲げていられることに気づかず、日本軍や日本兵が悪いことをしたと思い込んでいる現代に生きる日本人が多いのが残念でなりません。

先の大戦においても、「太平洋戦争」という名は米国に押し付けられた呼称で、国会において決定された名は「大東亜戦争」です。このすりかえられた呼称も、日本がなぜ戦争に飛び込んでいったかという大義を隠すためであります。

一日も早く靖国神社に眠る英霊の方々の名誉を回復するため、そして私たちの先人はみな武士道精神の下、勇猛果敢なフェアプレー精神で正々堂々と現代に生きる私たちのために戦ってくれたことを子や孫にしっかりと語り継ぐためにも朝日新聞を廃刊に追い込みましょう。

**小菅基司**
神奈川県秦野市議会議員

**桜井秀三**　私は松戸市会議員になってから、皆さんと同じように中学高校の教科書、日本史、このあまりのひどさに、もうびっくりしました。子供たちのために、こうした偏向的な教科書を変えていかなきゃいけないといった思いで、この四期十六年戦っております。気持ちは皆さん方と一緒です。
この前、カリフォルニアのグレンデール市に行ってまいりました。皆さん、アメリカに住んで

**桜井秀三**
千葉県松戸市議会議員

いる日系人の方は百万人いるんですよ。そして韓国系が三百万人。そして中国系はもっといます。日系人のお母さん方でお子さんが学校に行っている人は、悔しい思いをしています。皆さん、何としてでも日本の誇りと自信を取り戻さなきゃいけないといった思いで、これからもぜひ、水島さんと一緒に戦いたいと思います。

**水島**　地方議員の方、こういう形で本当に意欲ある皆さんが集まってくれました。さまざまな形で朝日新聞に対する反撃を、地方でも行っていただきたいと思います。それでは、残りのお二人です。まずは台湾研究フォーラム会長の永山英樹様。

**永山英樹**　今日もお話が出ていましたけれども、朝日以外のメディア攻撃はやらなくていいのかという問題があるんですね。これは、やらなければなりません。しかし朝日解体運動においては、朝日攻撃に集中しなくちゃいけない。なぜかと言うと、朝日新聞は難攻不落の敵の城。まずわれわれが力を結集し、集中していきましょう。

　それから朝日を攻撃するということは、痛がっているのは朝日だけじゃなくて、ＮＨＫも毎日も中日新聞もみんな痛がっているんです。それほど意義のある運動なんです。朝日解体を叫ぶことはＮＨＫから受け取れば、ＮＨＫ解体に聞こえる。反日プロパガンダに対する大きな抑止力を、朝日解体運動は発揮するわけなんです。

　それから今回の朝日の反省謝罪は、長年の国民の朝日攻撃の成果である

**永山英樹**
「台湾研究フォーラム」会長

ということです。このことを伝えてまいりましょう。そして全国国民に立ちあがってもらいましょう。

**水島**　ニコニコ動画の生中継ですが、今、五千人を突破しました。この生中継を全国で五千人以上の方にご覧いただいております。会場の皆さん、そして全国でこの生中継をご覧になっている皆さん、一つお願いがあります。こういう集会をどのメディアが取り上げるか、あるいはどのメディアが取り上げないのか、よく見ていただきたい。皆さんがそれぞれ読んでいる新聞、見ているテレビに、「この集会を報道しなさい」というメールなり電話なりをしていただきたい。それでもこの集会の報道をしないメディアは、その本質が朝日新聞と同じであるということです。われわれは、はっきりとメディアの本質を見定めたいと思います。

**高清水**　日本世論の会会長、正論の会代表、三輪和雄様。

**三輪和雄**　一点だけ言わせていただきます。朝日の人と個人的に話しますと、「メディアやジャーナリズムは反権力でなければいけない」ということを必ず言うんです。私はそれを否定しません。権力というものはどうしても腐敗しますから、権力チェックという意味で反権力は結構です。

しかし、朝日は反権力じゃないんです。あれは反日本、反国家なんです。こんな馬鹿げた新聞は世界中にありません。それはニューヨーク・タイムズもフランスのル・モンドも、時の権力には否定的でしょう。しかしたとえばアメリカの新聞が、アメリカ人がアメリカ人に対して出している新聞が、アメリカの独立の精神や建国の精神を否定するわけないんですよ。こんなの当たり前なんです。というのはアメリカ人やフランス人が、そんなものを許すはずがないからです。

ところが朝日は反権力の名を借りて反日本なんです。反日本ということは、皆さんに対して反しているんです。こんなものをあたかもクォリティ・ペーパーであるかのごとく、われわれはずっと許容してきた。これは朝日が間違っているんじゃなくて、われわれがいけなかったんです。もう朝日が明々白々、これを自白しました。これを黙っていたら人間じゃない。日本人じゃないんです。

広岡知男なんていうのは日中国交回復した時の当時の朝日社長で、「日中国交回復にマイナスになる情報は、事実であっても載せるな」と、こんなことを言っていたんですよ。そしてこの件で恥ずかしいのは、偉そうにしている朝日の記者の中で、「いくら何でも、それはおかしいじゃないか」と反旗を翻した者が一人もいなかったことです。こんなみっともない新聞がありますか。

**三輪和雄**

「日本世論の会」会長・「正論の会」代表

これは明らかにおかしい新聞です。皆さん、朝日を読んで下さい。朝日を読んで朝日がおかしくないって言っている奴らは、朝日を読んでないんですよ。普通に文字が読めたら、あれは誰が考えてもおかしい新聞です。

平成二十一年、あの民主党政権ができた時、われわれは本気で民主党政権をつぶさなければいけないと思った。まだ民主党の支持率が六〇%とか、そんな時代です。あの総選挙の直後、この会場で第一回の民主党政権打倒集会をやったんです。非常におめでたい会場なんですよ。

残念ながら朝日は不動産屋がやっている新聞屋で担保価値がありますので、なかなかつぶれることはないでしょう。しかし徹底的に部数を落として、あの権威をどん底まで引き下げることはできるんです。徹底的に戦いたいと思います。

吉田松陰が言いました。「一日、自分が生きれば、一日、日本がよくなる」。皆さんが一日生きれば、どうか一日分、朝日をおとしめて下さい。どうしても私の目の黒いうちに、あの朝日をどん底までおとしめたいんですよ。これは私の個人的な気持でもあるし、日本国のためでもあると思います。本当に皆さん、徹底的に朝日を追撃し、おとしめましょう。がんばりましょう。

**水島**　皆さん元気になったところで、私と高清水で大会決議を読み上げたいと思います。

「決議文

私たちは、慰安婦問題等で明らかにされた朝日新聞の捏造、歪曲報道を徹底的に正すべく、十月二十五日、多数の国会議員、地方議員、学者、文化人、草の根国民が全国から参集し、国民運動組織、朝日新聞を糺す国民会議を結成しました。朝日新聞は日本軍の兵士が朝鮮人女性を強制連行し、従軍慰安婦にしたとの吉田清治証言を報道し、その嘘と捏造が明らかになっても訂正、謝罪することなく三十年以上も放置してきました。

その結果、世界中の人々は、日本の兵士が朝鮮人女性を強制連行し、性奴隷のごとく扱ったかのような認識とイメージを抱くようになりました。朝日新聞の捏造報道によって、世界で最も軍律厳しく道義心の高かった皇軍兵士は、野蛮で残酷な誘拐犯や強姦魔のごとき犯罪者扱いをされたまま日本人の名誉と誇りを傷つけられてきました。

朝日新聞は、敗戦後、一貫して反日報道を続け、日本国民をおとしめ、日本をおとしめ、国内外に日本と日本人の悪印象をばらまき続けてきました。また日本を取り戻すことを目指したさまざまな保守系国民運動に敵対し、黙殺や印象操作報道を繰り返し、戦後レジームからの脱却への妨害報道機関の役割も果たしてきました。

その結果として、外国勢力の謀略宣伝機関の役割を果たしてきたのも紛れもない事実です。朝日新聞を糺すことは、日本と日本人の名誉と誇りを取り戻し、また、日本を取り戻す戦後体制脱却への大きな第一歩となります。そのためには、日本国民が大同団結し、朝日新聞糾弾の一大国民運動を展開しなければなりません。私たちは、わが国の無数の先祖と戦禍に倒れられた英霊に代わって朝日新聞に断固抗議をします。

私たちは、世界最古の歴史と伝統の国の民として、日本と日本人をかくまでおとしめ続けた朝日新聞を許しません。私たちは、日本には報道の自由や表現の自由はあっても、捏造報道や嘘、プロパガンダ報道の自由はないことを朝日新聞に骨の髄まで知らしめます。私たちは、戦後最大の集団訴訟や新聞全段意見広告などなど、あらゆる手段と方法で朝日新聞と戦い、勝利し、朝日新聞を打倒し、日本人の名誉と誇りを取り戻します。また、朝日新聞社社長と河野洋平氏の国会証人喚問を実現させます。私たちは呼びかけます。決戦の時が来ました。今こそ、明治維新の獅子、吉田松陰の掲げた草莽崛起を実現し、草の根国民は立ち上がりましょう。

朝日新聞の性根を叩き直し、いや、反日メディアをわが国から一掃して日本を取り戻しましょう。おとしめられ、辱められた先祖の名誉と誇りのために、これからの日本の子孫のために共に立ち上がりましょう。すべての日本国民の皆さん、朝日新聞を糺す国民会議に総結集しましょう。以上、決議する。

朝日新聞を糺す国民会議　議長　渡部昇一、事務局長　水島総、大会参加者一同」

ありがとうございます。あらためまして、皆様の拍手で、これを決議としたいと思います。よろしくお願いします。（会場満場の拍手）

本当にありがとうございました。われわれは必ず、この決議に沿った形で朝日新聞打倒を実現したいと思います。今日は長い時間、全国からご参集いただきまして本当にありがとうございました。

# 第五章

# 朝日新聞の
# 経済的弱点を衝く

ジャーナリスト　水間政憲
経済評論家　渡邉哲也

# 草の根の周知・抗議活動で朝日の収入源を断て！

ジャーナリスト
水間政憲

朝日新聞は「慰安婦歪曲（捏造）報道」に関し、木村伊量社長の「国会招致」や国民の批判の矛先をかわす狙いが透けて見える第三者委員会を設置し、検証を委ねると発表していましたが、その第一回会合が二〇一四年十月九日に開催されました。

その会合で中込秀樹委員長（元名古屋高裁長官）は、「場合によっては、解体して出直せということになるかも知れない」などと威勢のいいことを語っていましたが、「木村社長を国会招致せよ」との世論を意識した発言のように思えてなりません。いずれ「朝日新聞を糾す国民会議」の糾弾過程との違いが鮮明になり、どちらが国民の支持を受けるか歴然となることでしょう。

筆者はこの二十数年間、朝日新聞が報道していた「歴史認識問題」を「情報戦」と認識して、オピニオン誌などに寄稿することと並行して、「朝日新聞史観」を糾す「世論戦」（情報戦）を水面下でしかけてきました。しかしここにきて「世論戦」を公に戦える機が熟したことは、読者諸兄姉が認識されている通りです。

そこで本稿では、覚醒されていらっしゃる国内外の同志の皆様方と連携することで、確実に朝日新聞を廃刊にまで追い込む施策を提示します。また、個々人の活動が、無理にならず淡々と実行できる範囲内で、結果が「見える形」になることを提案します。

## 朝日廃刊は〝経済対策〟

わが国では現在においても、GHQ占領下の情報戦がいかにすごかったかが認識できます。国民が無意識に「GHQの洗脳」に踊らされている実例を、あちこちで見ることができるからです。その典型例の一つが、実は「戦前の朝日新聞は日本軍にすりよって戦争をあおったが、戦後は連合国にすりよった」という文脈の「朝日新聞批判」なのです。

これは確かに事実も含まれており、一見すんなり保守派国民にも受け入れられるものですが、ここにGHQが狡猾に掘った落とし穴があります。この考えは、実は戦前の日本軍（政府）の全否定であり、反日日本人と同じく「戦前暗黒史観」そのものなのです。

朝日新聞の日米開戦後の紙面は、戦意高揚記事が満載になっていましたが、それは戦争当事国であればどこでも同じ状況で、朝日新聞だけの問題ではありません。実際、日米開戦前の朝日新聞は、英米の戦力分析を冷静沈着に報道し、中立を公言していた米国が一方的な石油全面禁輸措置をとったことや、支那事変後に蔣介石へ武器弾薬を支援していた事実などを、証拠写真を提示して報道していました。決して米国との戦争をあおっていたわけではありません。しかし、それら一連の米国の「不条理な行動」に対して、伊藤整など当時の知識層が、日本軍の真珠湾への一撃を「気持ちが清々した」などと日記につづっていたことも事実です。

また支那事変前の朝日は、中国での「通州邦人大虐殺事件」や「大山中尉惨殺事件」後も、「海軍隠忍自重《いんにんじちょう》慎重方針」などと、冷静に報道していたのです。

しかし、真珠湾への一撃をくらわす前に、日本がやれることをやっていたのかとなると、残念ながら「情報戦に敗れた」結果の一撃だったことを、歴史から学ぶことが必要なのです。

支那事変後の社会状況を簡潔に示した当時の文書がありますので、一部紹介して本論に入ります。

近代戦に於ける情報宣伝の必要性についてはかねがね言われては居たが、今度の支那事変に於ける程はっきり其の重要性を認識させられた事はない。事変勃発当初からしばらくの間は、支那側の巧妙且適時の体外宣伝に依り、我方は国際世論の上にどれ位不利な立場に置かれたかと言う事は明らかである。日本の「宣伝下手」と「後手」ばかり打つ事に対し、歯がゆさを感じた人は少なくなかった。然し漸次支那側宣伝の虚偽が暴露され、日本側の公正なる立場が認識せられ出して、現在では情勢が変化して来たのは事実である。然し、これに依って情報宣伝が如何に戦時中重要であるかと言う事がはっきり経験させられたわけである。

これは当時の雑誌『朝鮮』（昭和十四年十一月号、朝鮮総督府刊）に載っていた記事です。現在の中韓に対抗する情報戦の重要性にも通じる指針が、七十五年前に指摘されているかのようです。そして国内に敵対勢力の傀儡メディアが跳梁跋扈している現在の状況では、支那事変や日米開戦前以上に情報宣伝が重要になっていることは論をまたないでしょう。

その傀儡《かいらい》メディアの首魁《しゅかい》が「朝日新聞」だったことは、日本国民周知の事実になりました。そこで情報戦に打ち勝つには、その主力である朝日新聞を廃刊に追い込むことが、国益のための最適な戦略になるのです。

国民側から社会を明るくし、「気分」を高揚させて経済を活性化するには、朝日新聞を廃刊にして、国民国家の誇りを取り戻すことが必要です。これは今の日本における第四の経済対策「アサノミクス」（朝日新聞廃刊）と呼ぶこともできるかもしれません。

## 広告主に猛抗議を

朝日新聞経営の根幹は、購読料と広告料ですので、それをピンポイントに激減させることが「廃刊」への要諦です。

①現在、憂国の同志の皆様方が、朝日新聞の「不買運動」（購読中止）を呼び掛けるチラシを、数十万枚単位でポスティング、街頭配布されていることを承知していますが、その「チラシ」の情報をインターネット上に拡散して同志を募り、数千万枚まで実施できれば結果がついてきます

②朝日新聞は、歴史認識問題を「慰安婦問題」だけにとどめて、「南京問題」や「靖国神社公式参拝問題」も捏造報道したことから逃げる魂胆です。『週刊新潮』など、朝日新聞の歴史認識問題報道を厳しく批判してきたメディアが、朝日を厳しく追及する記事を掲載したときは、継続して報道していただけるように、編集部へ激励のメールやハガキを出すことも大事です。また、心情的な「左翼」でノンポリだった団塊の世代が、現在も朝日新聞を「一塊」で購読していますので、その世代にとって誰でも知っている伝説的なカリスマ記者だった本多勝一氏が、自著で使用した写真を「捏造写真」と認めた『週刊新潮』グラビア「伝説の記者『本多勝一』が〝誤用〟を

認めた『南京事件』捏造写真」（二〇一四年九月二十五日号）は、それら団塊の世代にとっては、衝撃的なニュースであり、そのコピーは朝日新聞購読中止の「特効薬」に間違いなくなりますので、図書館でコピーして、配布できれば、どのような「不買チラシ」より、その世代には効果的です。ぜひ実行してくださぃ③朝日新聞の年間広告料金の目標額は七百億円と、朝日新聞ＯＢが明らかにしています。そして今、朝日は従来の広告主たちから、「おたくに広告を出すと、社内で問題になるんだよ」と、言われていることが『Ｖｏｉｃｅ』平成二十六年十一月号に寄稿されていました――。

このうち③は大変重要な情報です。数千人規模で抗議行動を実施できれば、反日イデオロギーの出版社以外の朝日への広告出稿を止められる可能性があります。今、朝日新聞に広告を出すことは、「反日報道を支援する国賊企業と認定できる」のであり、広告を出している企業に対して、「貴社が、朝日新聞に広告を出すことは、国民の名誉を国際的におとしめた売国朝日新聞を支援していることになる。これからも広告を出すのであれば、貴社の商品の不買運動を呼びかけますのでご検討ください」とか、「今まで貴社の商品を購入していたが、繰り返し捏造報道をしながら、いい加減な検証記事でお茶を濁すような売国新聞に広告を出す貴社は、朝日新聞の仲間と誤解されてもいいのですね」とかいったメールや電話が数百件届けば、間違いなく「朝日新聞へ広告を掲載するか否か」が、会議の議題に上がります。

また個人の歴史認識は、人生観の主要な要素になっていますので、「朝日新聞史観」から変更することには相当な抵抗感があることも確かです。それゆえ、一九七〇年以降の「朝日新聞史観」をリードしてきた本多勝一氏が、自社の資料を調査しないで、中国側から提供された「捏造写真」を裏付け調査もせず使用していたことは、「朝日新聞史観」信者には衝撃的なことです。前述した『週刊新潮』のグラビアページは購読中止の「特効薬」になります。ぜひ有効利用してください。

**みずま・まさのり**◎一九五〇年、北海道生まれ。慶應義塾大学法学部政治学科中退。近現代史（ＧＨＱ占領下の政治・文化）を中心にテレビ報道、新聞の調査研究を行っている。著書に『ひと目でわかる「大正・昭和初期」の真実』（ＰＨＰ）など。

# 朝日の広告ビジネスモデルは崩壊寸前である

経済評論家
渡邉哲也

私は経済評論家であるので、ビジネスの側面から朝日新聞を見ていきたい。
そもそも新聞社の収益構造はどのようになっているのか？　実は新聞は本紙の売り上げではなく、広告に依存するビジネスモデルになっている。まず、手近の新聞紙を見ていただきたい。右上に「第三種郵便物認可」という文字があると思う。この許可を取ると、郵送する際に割引料金が適用となる。しかし実はそれだけでなく、この許可がないと、選挙期間中、および投票日に、選挙に関する報道や評論ができないのである。これは報道機関として致命的である。

第三種郵便の許可条件に、「広告は紙面の五〇％まで」というものがある。これを超えると許可が取り消されてしまうのだ。そして新聞各社は収益のため、五〇％ラインギリギリで紙面をつくる。朝日新聞の場合でみると、朝刊は三十六～四十ページ程度の構成になっている。つまり、十八～二十ページ程度を広告が占めることになる。

次に価格について考えよう。朝日新聞の広告代金は、代理店の提示する標準価格で、全五段（紙面の下三分の一）千五百万円程度。全面で五千万円程度である。しかし、これはあくまでも標準価格である。定期的な出稿や契約形態により、実勢価格はこの三分の一から五分の一程度といわれている。

簡単に計算してみよう。標準価格で考えると、朝刊一日分の広告料金は、五千万×二十＝十億円。実勢価格で考えると三億円ほどになる。そして年間の発行回数は三百五十六回。朝日新聞の年間売上（単体）は三千百三十五億円（昨年）であるので、標準価格を常に徴収しているのだとしたら、朝刊での広告収入だけで、これを超えてしまう。そのため、やはり三分の一から五分の一というのが実勢値になるのだろう。

そのように考えると、朝日新聞の売り上げのうち、少なくとも千億円以上は広告収入であると考えられる（朝日新聞はその内訳を公開していない）。ただし、朝日新聞単体での経常利益は八十三億円しかない。つまり売り上げの多くを占める広告の受注が減少する、または広告価格が下落すると、即座に大幅な赤字になると予測されるのだ。

この広告価値（価格）を決める要素には、大きく分けて二つある。一つは「発行部数」。もう一つはその「ブランド価値」である。

新聞の発行部数に関しては、ＡＢＣ協会という社団法人が調査し、これを公開している。このデータによると、朝日新聞の発行部数は七百二十万部程度ということになるが、これはあくまでも発行部数（新聞社から各販売店に配布される数）であり、実際に販売されている数とは大きく違うともいわれている。

それには理由があって、これは新聞社と販売店の双方の思惑が複雑に絡み合っている。新聞社は紙面広告の価格を維持するために、部数を伸ばす、または維持したい。販売店はその収益の大半となる「チラシの折込代」を維持したいため、部数を減らしたくない。この双方の思惑が絡みあい、売れ残り覚悟で大量に印刷しているわけだ。新聞社がノルマ的に販売店に押し込むものを「押し紙」と呼び、逆に販売店が自ら部数維持のために買う物を「積み紙」と呼ぶ。そして「押し紙」「積み紙」二つを合わせたものを「残紙」と呼んでいる。しかし「残紙」に関しては、各新聞社ともに数を公表しておらず、また公式には「ない」としており、どの程度存在するかは不明である。

## 広告単価崩壊の兆し

さて、朝日新聞の話に戻ろう。朝日新聞の発行部数は七百二十万。このうち何割程度が残紙なのかは分からないが、仮に三割と推定すると、実質的な部数は五百四万部となる。実はこの数字が非常に重要なのである。日本の総世帯数は五千万弱である。その一割は五百万。ここでマーケティングにおける一つの法則である、「ランチェスター法則」が大きく関わってくることになる。この法則は「普及率が一割を超えると、それは加速度的に過半数に到達する。逆に一割を超えることができない場合、一割以下で終息する」という、一種の統計的な経験則である。当然、これは新聞の世論形成能力にも大きな影響を与えるわけだ。つまり、五百万部という数字は、広告媒体としての価値を決める一つの判断軸になるのだ。

また朝日新聞の媒体としてのもう一つの価値は、「全国紙」であることである。朝日新聞に広告を掲載すると全国に広告を打ったことになる。これを支えているのが全国の新聞専売店網（特定の新聞だけを販売する）であり、朝日新聞の場合、ＡＳＡになる。この専売店というのはセールス拠点も兼ねているため、専売店網を維持できるかどうかは、新聞の部数にも大きな影響を与える。地元紙が強い地方などにも、大がかりな専売店網を維持できている新聞社は少なく、朝日と読売ぐらいになるだろう。しかし、地方の専売店の多くは、地元紙との競争と新聞離れなどにより苦しい経営を強いられている。新聞社側が実質的な損失補てんをしている店も少なくない。これも部数維持のための努力なのである。そして、今回の問題は、ぎりぎりの採算部数と経営を迫られている販売店に致命傷になる可能性もある。

つまり、発行部数五百万部以上と地方の販売店網、これが朝日新聞の広告単価を維持する核となる。そして、今回の問題はこれを連鎖破壊する可能性があるわけだ。

## 企業として不適切な状況

もうひとつの価値である朝日新聞のブランドであるが、今回の問題で大きく傷がついたことは間違いないだろう。日本を代表する新聞として、高級なイメージと優良な顧客をその売り物にしてきた朝日新聞であるが、この信頼は根底から覆されたと言っていい。雪印、不二家、吉兆など、不祥事が原因で破綻にまで追い込まれた事例を見ても「ブランド価値」ほど危うくはかないものはない。一種の幻想のようなものである。特に新聞というのは「売文業」に過ぎず、実態を伴わない「虚業」にすぎない。

さらに週刊誌などにより、任天堂社長の虚偽インタビュー問題、デアゴスティーニ社に対する産業スパイ疑惑など、数えきれないコンプライアンス違反が露見し、朝日新聞の企業としての「統治不全」が明確になっている。現在、企業はコンプライアンス（法令遵守）とガバナンス（統治）の実現が至上課題になっており、これが不完全な企業との取引は望ましくないとされている。特に上場企業と大企業はこれを確実に実現することを求められており、取引先に対してもこれを求めなくてはいけないとされている。朝日新聞は社長が謝罪をしたものの、再発防止などの是正処置などが提示されておらず、実現の見通しもない状況にある。このため、広告掲載先として不適切な状態なのである。また、広告主などに対して、広告を掲載することに対する苦情が出ているようであり、この点でも広告媒体としての価値は暴落している。

新聞の広告代は「完全な時価」であり、値段はないに等しい。実際に突然のキャンセルなどで穴が開いた場合、全五段、千五百万円の枠がタダ同然の数十万で取引されることもある。これまで最大部数の読売、経済紙の日経とともに、非常に高い水準の時価を維持してきた朝日新聞の広告であるが、広告モデルの崩壊はすでに始まっているとみてよいのだろう。一部で広告主の撤退も報じられており、自社や関連会社の全面広告が紙面を飾り始めている。広告が減れば、その分紙面を薄くすればいいと考える読者もいるかも知れないが、そうもいかない。なぜならば、朝日新聞は百五十円。ライバルの読売は百三十円。産経は百十円である。薄くて高いとなれば、割高感が強まってしまうのだ。

最後に考えてみてほしい。朝日の広告主が今の半分になり、枠の値段が半分になった姿を。そして、これは連鎖する。広告主がいなくなれば、市場原理で価格は暴落するのである。ここで年間一千億円が広告売上だと仮定した場合、一気にそれがその四分の一、二百五十億円に落ちてしまうのである。そのうえ、時価が下落しても、経費は大きく変わらないので、そのまま減った七百五十億円が赤字要因になるのである。さらに労組が強く、リストラが難しいのも朝日の特徴である。そのため、経費削減による業績回復も簡単ではないだろう。

しかし、朝日新聞は簡単にはつぶれない。簿価ベースで三千三百三十七億円もの純資産を保有しているからである。また、人脈やコンテンツなど、帳簿上では評価されていない資産もたくさんあるのだ。この点に関しては最後に付け加えておきたい。

**わたなべ・てつや**◎一九六九年生まれ。日本大学法学部経営法学科卒。貿易・卸企業に勤務の後、独立。複数の企業経営にも携わり、また自身のブログではサブ・プライム問題などを中心に世界経済分析、市場解析や日本の将来予測などを発信する。著書に『ヤバイ中国』（徳間書店）など。

付録

# 訴状全文掲載

# 訴　　状

（第1次）平成27年1月26日
（第2次）平成27年3月25日

東京地方裁判所　御中

原告ら訴訟代理人

| | | |
|---|---|---|
| 弁護士　髙池　勝彦 | 弁護士　荒木田　修 | 弁護士　稲澤　　優 |
| 弁護士　尾崎　幸廣 | 弁護士　小沢　俊夫 | 弁護士　田中　平八 |
| 弁護士　田中　禎人 | 弁護士　田辺　善彦 | 弁護士　辻　　美紀 |
| 弁護士　中島　繁樹 | 弁護士　二村　豈則 | 弁護士　馬場　正裕 |
| 弁護士　浜田　正夫 | 弁護士　原　　洋司 | 弁護士　藤野　義昭 |
| 弁護士　牧野　芳樹 | 弁護士　増田　次郎 | 弁護士　松本　藤一 |
| 弁護士　三ツ角　直正 | 弁護士　森　　統一 | 弁護士　山口　達視 |
| 弁護士　山崎　和成 | 弁護士　横山　賢司 | |

別紙原告訴訟代理人目録のとおり

当事者の表示　　原告ら　　別紙原告目録のとおり
被告　　〒530-8211　大阪市北区中之島二丁目3番18号
株式会社朝日新聞社（本店）
〒104-8011　東京都中央区築地五丁目3番2号
株式会社朝日新聞社（支店）
上記代表者代表取締役　渡辺 雅隆

損害賠償請求事件
訴訟物の価額　　金1億0284万5000円（第1次）、金1億8554万5000円（第2次）
貼用印紙額　　金32万9000円（第1次）、金57万8000円（第2次）
予納郵券　　金　　6000円

## 請求の趣旨

1　被告は、原告らに対し、本判決確定の日から7日以内に別紙記載の内容の謝罪広告を朝日新聞（全国版）の朝刊社会面に別紙に記載した条件で1回掲載せよ。
2　被告は、原告らに対し、それぞれ金1万円及びこれに対する本訴状送達の翌日から支払い済みまで年5分の割合による金員を支払え。
3　訴訟費用は被告の負担とする。
4　第2項につき仮執行宣言

## 請求の原因

第1　当事者
1　原告は
渡部昇一（上智大学名誉教授）（原告団長）　浅野久美（ライター）
阿羅健一（近現代史研究家）　井尻千男（拓殖大学名誉教授）
梅原克彦（前仙台市長）　大高未貴（ジャーナリスト）こと鈴木美貴

1

小川榮太郎（文芸評論家）
小田村四郎（元拓殖大学総長）
小山和伸（神奈川大学教授）
鍛冶俊樹（軍事ジャーナリスト）
加瀬英明（外交評論家）
葛城奈海（女優・予備三等陸曹）
上島嘉郎（元産経新聞社 雑誌「正論」編集長・ジャーナリスト）
川村純彦（元海将補）
クライン孝子（ノンフィクション作家）
小林正（教育評論家・元参議院議員）
小堀桂一郎（東京大学名誉教授）
佐藤守（元空将）
佐波優子（戦後問題ジャーナリスト）
杉原誠四郎（新しい歴史教科書をつくる会会長）
すぎやまこういち（作曲家）こと椙山浩一
関岡英之（ノンフィクション作家）
高清水有子（皇室ジャーナリスト）
髙山正之（ジャーナリスト）
田中英道（東北大学名誉教授）
田母神俊雄（元航空幕僚長）
椿原泰夫（「頑張れ日本！全国行動委員会」福井県支部相談役・京都府本部 顧問）
頭山興助（呉竹会会長）
富岡幸一郎（文芸評論家・関東学院大学教授）
永山英樹（「台湾研究フォーラム」会長）
西尾幹二（評論家）
西村幸祐（作家・ジャーナリスト）
濱口和久（拓殖大学日本文化研究所客員教授）
藤岡信勝（拓殖大学客員教授）
本郷美則（元朝日新聞研修所長・時事評論家）
松浦光修（皇学館大学教授）
松本國俊（朝鮮問題研究家）
馬渕睦夫（元駐ウクライナ兼モルドバ大使）
三浦小太郎（評論家）
水島総（株式会社日本文化チャンネル桜代表・頑張れ日本！全国行動委員会幹事長
水間政憲（ジャーナリスト）
三橋貴明（「経世論研究所」所長・中小企業診断士）こと中村貴司
宮崎正弘（作家・評論家）
三輪和雄（「日本世論の会」会長・「正論の会」代表）
村田春樹（「自治基本条例に反対する市民の会」会長）
室谷克実（評論家）
目良浩一（南カリフォルニア大学教授）
山本皓一（フォトジャーナリスト）
山本優美子（「なでしこアクション」代表）
柚原正敬（「日本李登輝友の会」常務理事）
杉田水脈（前衆議院議員）
田沼隆志（前衆議院議員）
長尾敬（衆議院議員）
中丸啓（前衆議院議員）
中山成彬（前衆議院議員）
西川京子（前衆議院議員）
西村眞悟（前衆議院議員）
三宅博（前衆議院議員）
阿部利基（宮城県石巻市議会議員）
犬伏秀一（前東京都大田区議会議員）
植松和子（静岡県函南町議会議員）
江花圭司（福島県喜多方市議会議員）
大瀬康介（東京都墨田区議会議員）
小坂英二（東京都荒川区議会議員）
小島健一（神奈川県議会議員）
小菅基司（神奈川県秦野市議会議員）
小坪慎也（福岡県行橋市議会議員）
桜井秀三（千葉県松戸市議会議員）
鈴木正人（埼玉県議会議員）
土屋敬之（前東京都議会議員）
松浦芳子（東京都杉並区議会議員）
三井田孝欧（新潟県柏崎市議会議員）
吉田康一郎（前東京都議会議員）

ら合計8749名（第1次）、1万7019名（第2次）の被告株式会社朝日新聞社の虚報により名誉と信用を毀損された日本国民である。

2　被告株式会社朝日新聞社（以下「朝日新聞」という）は、

「不偏不党の地に立って言論の自由を貫き、民主国家の完成と世界平和の確立に寄与す。正義人道に基いて国民の幸福に献身し、一切の不法と暴力を排して腐敗と闘う。真実を公正敏速に報道し、評論は進歩的精神を持してその中正を期す。常に寛容の心を忘れず、品位と責任を重んじ、清新にして重厚の風をたっとぶ。」を綱領とする発行部数約700万部を誇る新聞社である。

2

第２　加害行為

1　朝日新聞は、そもそも、創刊以来、「不偏不党」であったことはない。真実を公正に報道してきたとは言い難い。「責任を重んじ」てきたともいえない。

朝日新聞のこれまでの偏向と誤報・虚報の例は枚挙にいとまがない。その意味で、上記朝日新聞綱領は、一つのブラックユーモアである。

朝日新聞は、戦後、一貫して、社会主義幻想に取りつかれ、反日自虐のイデオロギーに骨絡みとなり、日本の新聞であるにもかかわらず、祖国を呪詛し、明治維新以来の日本近代史において、日本の独立と近代化のために涙ぐましい努力をしてきた先人を辱めることに躊躇することはない。旧軍の将兵を辱めるときは、ことさらそうである。実際のところ、明治の建軍以来、日本の軍隊は、国際法を遵守し、世界で最も軍律が厳しく道義が高かったにもかかわらずである。客観報道・事実の報道をするわけではなく、国論の分かれる問題については、「報道」ではなく「キャンペーン」を張るのが常であった。朝日新聞は、これまで、クオリティーペーパー（高級紙）、社会の木鐸などというもおこがましく、国家・国民を誤導してきたものである。

2　朝日新聞は、次の各年月日発行の紙面にそれぞれ次の見出しを附した記事を掲載した。すなわち、

①　昭和57年（1982年）9月2日朝刊　大阪本社版
「朝鮮の女性　私も連行　暴行を加え無理やり」
②　昭和58年（1983年）10月19日夕刊
「韓国の丘に断罪の碑　『徴用の鬼』いま建立」
③　昭和58年（1983年）11月10日朝刊
「ひと　吉田清治さん」
④　昭和58年（1983年）12月24日朝刊
「たった一人の謝罪　韓国で『碑』除幕式」
⑤　昭和61年（1986年）7月9日朝刊
「アジアの戦争犠牲者を追悼　8月15日、タイと大阪で集会」
⑥　平成2年（1990年）6月19日朝刊　大阪本社版
「名簿を私は焼いた　知事の命令で証拠隠滅」
⑦　平成3年（1991年）10月10日朝刊　大阪本社版
「女たちの太平洋戦争　従軍慰安婦　加害者側から再び証言」
⑧　平成4年（1992年）1月23日夕刊
「窓　論説委員室から　従軍慰安婦」
⑨　平成4年（1992年）3月3日夕刊
「窓　論説委員室から　歴史のために」
⑩　平成4年（1992年）5月24日朝刊
「今こそ自ら謝りたい　連行の証言者、7月訪韓」
⑪　平成4年（1992年）8月13日朝刊
「元慰安婦に謝罪　ソウルで吉田さん」
⑫　平成6年（1994年）1月25日朝刊
「政治動かした調査報道　戦後補償　忘れられた人達に光」
⑬　平成3年（1991年）8月11日朝刊　大阪本社版
「思い出すと今も涙」

である。

そして、上記各記事の記述内容は、別紙朝日新聞虚報目録①ないし⑬（以下「本件一連の虚報」という）のとおりである。

3　先ずは、朝日新聞的思い入れたっぷりの表現で綴られた本件一連の虚報を通読されたい。赤面するか憤るか、驚倒すべきことに、有り体にいうと、これが全部嘘なのである。

上記①ないし⑫の各記事は、素性も定かではない故吉田清治なる詐話師の言動に基づくもので、同人の証言（以下「吉田証言」という）は全くの作り話、嘘言であった。

4　次に、これまた思い入れたっぷりの「思い出すと今も涙」の元朝日新聞記者植村隆の記事についてである（別紙朝日新聞虚報目録⑬）（以下「植村報道」という）。

「女子挺身隊の名で戦場に連行され、日本軍人相手に売春行為を強いられた朝鮮人従軍慰安婦」の重い口が開いたというのである。

しかし、そもそも、女子挺身隊の名で戦場に連行された従軍慰安婦ということはあり得ず、これまた完全な虚報である。

5　かくして、ここに、加害者側の吉田証言報道と被害者側の植村報道が出そろうことにより、「慰安婦強制連行」の虚構の構図が完成したのである。

第3　朝日新聞虚偽報道が招来した恐るべき事態

1　我々は、先ず、事の本質を確認しなければならない。世上にかまびすしいいわゆる「慰安婦問題」の本質についてである。慰安婦は日本の官憲により強制連行されたのかである。つまり、日本の官憲による強制連行の有無こそ慰安婦問題の本質なのである。なぜなら、日本の官憲による強制連行がないのであれば、それは、古今東西の売春問題一般に帰着し、ことさら「従軍慰安婦」あるいは「性奴隷」などのおどろおどろしい名称を附して問題にする根拠を失うからである。

しかるところ、いわゆる「従軍慰安婦」については、今日に至るまで、日本の官憲が強制連行したという検証された一片の証拠もあがっていない。官憲による強制連行の事実がないのであるから、当然ながら今後も証拠が出てくることはない。永遠にない。

したがって、別紙朝日新聞虚報目録記載の記事が朝日新聞の自認により虚報であることが明らかになった時点で、「慰安婦問題は終わった」のである。強制連行はなくとも「強制性」があっただの「女性の人権問題」であるなどというのは、問題のすりかえ以外の何ものでもない。

2　朝日新聞の本件一連の虚報は、多くの海外メディアにより転電され、「日本軍に組織的に強制連行された慰安婦」というねじ曲げられた歴史を国際社会に広汎に拡散させ、戦後70年を経た現在も、わが国がことさら激しい故なき非難を浴びる原因になっている。

3　国連人権委員会が平成8年（1996年）採択した有名な「クマラスワミ報告」は、慰安婦問題を巡る日本の立場に対する国際社会の事実誤認の決定的なきっかけとなっている。

同報告の中核となっているのは、日本軍が国家総動員法の下で、若い女性たちを女子挺身隊として強制連行し、性奴隷として働かせたという荒唐無稽なストーリーになっているのである。

平成10年（1998年）の国連マクドゥーガル報告書のストーリーも、平成19年（2007年）の米下院決議121号のストーリーも、上記同断である。

4　そして、世界の慰安婦像である。在ソウル日本大使館前、アメリカ合衆国、オーストラリアと世界中に慰安婦像が建てられあるいは建てられつつある。

平成25年（2013年）7月30日除幕式が行われたロスアンゼルス近郊のグレンデール市の公園に設置された有名な少女像の脇には、「平和のモニュメント」と題した次の碑文が刻み込まれている。すなわち

「1932年から45年までの間、日本の帝国軍により、韓国や中国、台湾、日本、フィリピン、タイ、ベトナム、マレーシア、東ティモール、インドネシアの家々から引き離され、性奴隷を強制された20万人以上のアジアとオランダの女性を追悼して」と。

一体、何の話であるのか。

5　かくして、日本の旧軍将兵たちは、アジア各地で多くの女性を強制連行し、性奴隷として野蛮な集団強姦をした犯罪者集団であるとの汚名を着せられたのである。

そして、旧軍将兵らはもとより、原告らを含む誇りある日本国民は、その集団強姦犯人の子孫との濡れ衣を着せられ、筆舌に尽くし難い屈辱を受けている。原告らを含む日本国民は、本件一連の虚報以来、朝日新聞の加害行為を現在進行形で受けている。

4

6　最後に、断言したい。「朝日新聞の本件一連の虚報なかりせば、今日の事態は絶対にあり得なかった」と。

第4　故意・過失

朝日新聞の原告らに対する加害行為は、全く当然の裏づけ取材をしない虚構の報道であり、ほとんど故意に近いものというべく、少なくとも、重過失があることは明らかである。

第5　損害の発生（被害法益）

1　朝日新聞の本件一連の虚報により、日本国及び日本国民の国際的評価は著しく低価し、原告らを含む日本国民の国民的人格権・名誉権は著しく毀損せしめられた。

2　しかるに、朝日新聞は、同紙の「読者ら」にお詫びするばかりで、国際社会における日本国の尊厳と原告らを含む日本国民の名誉・信用を回復するために国際社会に向けて何らの真摯な努力をしようともしない。読者に詫びて、あとは野となれ山となれということであるのか。謝罪広告が必要な所以である。

3　朝日新聞の原告らに対する上記著しい侵害により生じた有形無形の損害を塡補するには、謝罪広告の掲載だけでは到底不十分であり、原告らが被った被害の一部として、原告一人に対して、少なくとも金1万円の損害金（慰謝料）を支払わせることが相当である。

第6　結語

以上の次第で、原告らは、被告株式会社朝日新聞社に対し、民法709条、723条に基づき、請求の趣旨記載の損害賠償及び謝罪広告の掲載を求め本訴に及ぶ次第である。

## （別紙） 朝日新聞虚報目録①

昭和57年（1982年）9月2日　木曜日　朝鮮の女性　私も連行　　暴行加え無理矢理　　37年ぶり危機感で沈黙破る

元動員指揮者が証言

関東大震災の混乱の中で、多数の朝鮮人が虐殺されて59年目の一日夜、大阪で催された「旧日本軍の侵略を考える市民集会」で、かつての朝鮮人の強制連行の指揮に当たった動員部長が、悲惨な「従軍慰安婦狩り」の実態を証言した。戦後もずっと語られることなく葬られてきた朝鮮人慰安婦の歴史、それをいま、「戦争で中国にいた日本軍兵士で朝鮮人慰安婦と接触しなかった人は一人もいなかったでしょう」と重い口を開く姿に、約500人の参加者はしんとして聴き入った。

この人は東京都文京区千石4丁目、吉田清治さん（68）。昭和17年秋、朝鮮人の徴用を目的に発足した「山口県労務報国会下関支部」の動員部長に就任した。以後3年間、十数回にわたり朝鮮半島に行った。直接指揮して日本に強制連行した朝鮮人は約6000人、うち950人が従軍慰安婦だったという。

この日、大阪・浪速解放会館での集会で演壇に立った吉田さんは「体験したことだけお話します」といって切り出した。

「朝鮮人慰安婦は陸軍慰問女子挺身隊という名で戦線に送り出しました。当時、われわれは『徴用』といわず『狩り出し』という言葉を使っていました」。そして18年の初夏の一週間に済州島で200人の若い朝鮮人女性を「狩り出した」時の状況が再現された。

朝鮮人男性の抵抗に備えるため完全武装の日本兵10人が同行した。集落を見つけると、まず兵士が包囲する。続いて吉田さんの部下9人が一斉に突入する。若い女性の手をねじあげ路地にひきずり出す。こうして女性たちはつぎつぎにホロのついたトラックに押し込められた。連行の途中、兵士たちがホロの中に飛び込んで集団暴行した。ボタン工場で働いていた女子工員、海岸でアワビを採っていた若い海女・・・・・。連日、手当たり次第の「狩り出し」が続いた。

「泣き叫ぶというような生やさしいものではない。船に積み込まれる時には、全員がうつろな目をして廃人のようになっていた」。

約1時間、淡々と、ときに苦悩の色をにじませながら話す吉田さんは「かわいそうだ、という感情はなかった。徹底した忠君愛国の教育をうけていたわれわれには、当時、朝鮮民族に対する罪の意識を持っていなかった」と声をふりしぼった。

教科書問題にも吉田さんは触れた。「戦後の日本の歴史教科書はこうした事実がいっさい書かれてこなかった。というより、その教科書を改め、戦前の教育に逆行する動きさえあるじゃないですか」。低血圧で時々目まいがするという吉田さんに37年間の沈黙を破らせたのは、こうした歴史の逆流傾向に対する危機感だという。

「日本軍が戦争中、犯したもっとも大きな罪は朝鮮人の慰安婦狩りだった」と話す吉田清治さん＝1日夜、大阪市浪速区の浪速解放会館で（キャプション）

## 朝日新聞虚報目録②

昭和58年（1983年）10月19日　水曜日　　韓国の丘に謝罪の碑　　「徴用の鬼」いま建立悔いる心、現地であかす　　東京の吉田さん

12月初め、韓国中西部の丘で、ひとつの石碑が除幕される。太平洋戦争中、6000人の朝鮮人を日本に強制連行し、「徴用の鬼」と呼ばれた元山口県労務報国会動員部長、吉田清治さん（70）＝東京都品川区上大崎2丁目＝が建立する。望郷の思いを抱いて死んで行った多くの人たちへの謝罪の気持ちが、碑文に込められている。

「あなたは日本の侵略戦争のために徴用され強制連行されて、強制労働の屈辱と苦難の中で、家族を思い、望郷の念も空しく、貴い命を奪われました。私は徴用・強制連行を実行した日本人の一人として死

後もあなたの霊の前に排跪（はいき）謝罪を続けます　元労務報国会徴用隊長吉田清治」

現在、著述業をしている吉田さんは昭和17年夏、郷里の山口県労務報国会下関支部の動員部長、後に県全体の動員部長になった。報国会は国家総動員体制の下で、軍需工場や炭鉱、前線の飛行場建設現場で働く労働者の確保を目的にしていた。

徴用の対象は初めは日本人、次に「内地」にいる朝鮮人、18年ごろからは朝鮮総督府だけにまかせずに、吉田さんらが直接、朝鮮へ出向いた。軍や警察の協力を得て、田んぼや工場、結婚式場にまで踏み込み、若者たちを木刀や銃剣で手当たり次第に駆り立てた。徴用した6000人のうち、約3分の1は病気などで祖国解放を見ずに死んだ、という。

敗戦直後に旧内務次官から、朝鮮人徴用に関する公式書類の焼却命令が出た。吉田さんも関係書類をすべて処分した。戦後はサラリーマン、団体役員として、過去に目をつぶり生きようとした。が、脳裏に焼きついた記憶までは消せない。若い朝鮮人男女の泣き叫ぶ声、涙が、夢の中に繰り返し現れた。

せめて、わずかな記憶と自分たちの記憶だけでも残そう、と心に決めた。昔の部下たちにも呼びかけたが、「国の命令に従っただけ」「寝た子を起こすことはない」と消極的で、匿名の証言の協力にとどまった。強制連行の過去を暴いた本を2冊出版。次に韓国への謝罪の旅と、「日本人の謝罪碑」建立を考えるようになった。

韓国側との橋渡しは、知り合いの嚢順姫・在日本大韓民国婦人会中央本部会長らの協力で順調に進んだ。石碑は9月初めから、韓国忠清南道天安市近くの「望郷の丘」で建設が進められている。横1.2メートル、たて0.8メートル。上にハングル、下に日本語で碑文が刻まれる。

韓国の新聞、テレビではこの話が大きく伝えられ、たどたどしい日本語でつづられた40数通の手紙が吉田さんの手元に届いた。いずれも励ましたり、協力を申し出るものばかり。吉田さんの過去を責めるものは1通もなかった。

韓国からの励ましの手紙などを繰り返し読み、謝罪の碑への思いをはせる吉田清治さん＝東京都品川区上大崎2丁目の自宅で（キャプション）

## 朝日新聞虚報目録③

昭和58年（1983年）11月10日
ひと
全国から励ましの手紙や電話が相次いでいる。同じ戦争加害の意識に悩んでいた人、「強制連行、初めて知りました」という中学3年生・・・・・。

「でもね、美談なんかではないんです。2人の息子が成人し、自分も社会の一線を退いた。もうそんなにダメージはないだろう、みたいなものを見定めて公表に踏み切ったんです」

大学卒業後、旧満州国吏員から中華航空に転じた。身元チェックの甘さから、朝鮮人の社会主義者を飛行機に乗せる結果になったことなどが利敵行為に問われる。軍法会議で懲役2年。出獄後、下関の親類宅に身を寄せると、特高警察から「罪のつぐないに、労務報国会で働け」と迫られた。

下関は関釜連絡線の玄関口。正規の徴用はもちろん、「実家に仕送りができる」とブローカーにだまされた若者たちが次々に送り込まれてくる。しかし、内務省からは「人員払底の時局がら、取り締まるな」の密命。貨車で炭鉱や土木現場へ送り込んだ。

炭鉱では、逃亡を図った主謀者が木刀でなぶり殺される現場に出くわした。

教科書問題で文部省は「当時は朝鮮半島は日本であり、国民徴用令に沿ったもの」と弁明。この春には旧朝鮮総督府の幹部らが当時のダム建設の記録をまとめた。大会社の重役などに収まるこの人たちは「日本は朝鮮の近代化に貢献した」と、吉田さんを前に胸を張った、という。

「国家による人狩り、としかいいようのない徴用が、わずか30数年で、歴史のヤミに葬られようとしている。戦争責任を明確にしない民族は、再び同じ過ちを繰り返すのではないでしょうか」

（清田　治史記者）

## 朝日新聞虚報目録④

昭和58年（1983年）12月24日　土曜日　　たった一人の謝罪　　強制連行の吉田さん　韓国で「碑」除幕式

ソウル23日＝清田特派員

第二次大戦中に起きた韓国・朝鮮人強制連行の全容は依然解明されていないが、当時山口県労務報国会動員部長として、その一端にかかわった体験を本に書いた吉田清治さん（71）＝東京都品川区上大崎2丁目、目黒西口マンション2号館105号＝がその印税を投じて建てた「謝罪の碑」が韓国・天安市にでき、23日除幕式が行われた。式に出席した韓国人関係者は吉田さん個人の志は理解しながらも、責任を回避し続けている日本政府の姿勢に対するやり場のない怒りをぶつけた。日本に連行されたあとサハリンに連れていかれ今も無国籍のまま次々と死んでいっている、と涙で訴える家族もあった。

謝罪碑は韓国海外同胞のための国立墓地「望郷の丘」の最奥部に眠る無縁仏6000余柱の合葬墓団地の入り口につくられた。除幕式の司会は、東京地裁で進行中の樺太残留韓国人帰還訴訟の原告団が属す中朝蘇離散家族会（本部・大邱市、4万3000人）。

「私は戦前数多くのあなた方を強制連行した張本人です。すでに38年の歳月が流れ、私一人だけのおわびではありますが、自責の念で死ぬにも死ねない気持ちでやってまいりました」。祈りのあと、吉田さんは一語一語をかみしめ、建立の趣旨を話し、「あなたは日本の侵略戦争のために徴用され、強制連行されて、強制労働の屈辱と苦難のなかで家族を思い、望郷の念もむなしく貴い命を奪われました・・・・・」と碑文を読み上げた。

式のあと、参加者約3000人は無念の思いを口々に吉田さんに訴えた。「吉田さん。あなたの行為はよくわかります。勇気ある行為だと思います。でも日本政府は戦後38年間何をしてくれたのですか」

ソウルに引き揚げる途中、吉田さんは「韓国の皆さんの無念の気持ちが言葉に表現できないほど深いものであることを痛感させられました。戦争の加害責任をせめて自分の子どもや孫だけには語り継いでいただきたい」と語った。

吉田さんは、国家総動員体制の下で軍需工場や炭鉱などで働く労働力確保のためにつくられた報国会の一員として、自分が指揮しただけで女子てい身隊950人を含め6000人を徴用した。強制連行の実態を隠すため敗戦のとき関係書類は焼却命令が出されたが、吉田さんは謝罪の意を込めてその体験記を書いた。「朝鮮人慰安婦と日本人」と「私の戦争犯罪」として、出版されている。

サハリン残留韓国人の遺家族を前に土下座する吉田清治さん＝韓国忠清南道天安市の望郷の丘で清田特派員写す（キャプション）

## 朝日新聞虚報目録⑤

昭和61年（1986年）7月9日　水曜日　　アジアの戦争犠牲者を追悼　　8月15日、タイと大阪で集会　元捕虜・通訳ら参加　体験語り、平和誓い合う

第二次大戦で犠牲になったアジアの人たちを追悼する集会が、終戦記念日の8月15日、「死の鉄道」で名高い泰緬（たいめん）鉄道の要所、タイ・カンチャナブリと大阪で同時に開かれる。タイでは、鉄道建設で死んだ連合軍捕虜や現地労働者を慰霊するため、元陸軍省通訳が建てたタイ式寺院に、「ロームシャ」と呼ばれた当時の労働者やその遺族らが集まる。大阪では、タイ、韓国、シンガポールなどからの参加者が戦争体験を語り、日本人とともにアジアの平和を誓い合う。

集まりは「アジア・太平洋地域の戦争犠牲者に思いを馳せ、心に刻む集会」。

大阪集会は、8月15日午前10時から大阪市東区森ノ宮中央1丁目のピロティホールで。タイ・カンチャナブリの戦争博物館長ティーパンヤ・スティー師、韓国原爆被害者協会の辛泳洙会長、祖父が日本軍に捕まったまま行方不明となったシンガポールの新聞「南洋・星洲聯合早報」東京特派員の陸培春氏らが

8

日本軍の侵略行為と被害者の感情を証言する。日本側からは、戦争中「山口県労務報国会下関支部」動員部長として、従軍慰安婦を含む朝鮮人の強制連行の指揮に当たった吉田清治さん（72）＝千葉県我孫子市＝が体験を話す。

タイ会場は、映画「戦場にかける橋」で知られるクワイ河鉄橋のすぐそば。通訳として泰緬鉄道建設にかかわった岡山県倉敷市大島、英語塾経営永瀬隆さん（68）が、私費とタイ人の協力で今年2月に完成させた「クワイ河平和寺院」に、新たにできる日本式庭園の完成式を兼ねた集会。

現地で今も日本語で残っている「ロームシャ」として鉄道建設に加わったマレーシア人のトム・ユーさん（57）とその家族、元連合行軍捕虜、タイ在住華僑、僧りょらが出席する。日本から永瀬さんと一般募集の約10人が加わる。

今回の催しは昨秋、関西大非常勤講師（日本史）の上杉聡さん（38）が、朝日新聞紙上で「アジアの戦没者遺族を招き、合同慰霊祭を」と呼びかけたのが、きっかけ。上杉さんが中心になって準備を重ね、宇都宮徳馬参院議員、随筆家の岡部伊都子さん、作家の瀬戸内寂聴さんら31人が呼びかけ人になった。

上杉さんは「政府主催の全国戦没者追悼式で弔われるのは軍人、軍属と、原爆、空襲による日本人だけ。2000万人を超すといわれるアジアの犠牲者は、一度もまとまって追悼されていない。靖国神社公式参拝などアジアの人を逆なでする動きが強まり、外国人に指摘されないと反省しない」と話している。

タイ集会への参加費用は約25万円。申し込みは集会事務局（06‐562‐7740）へ。

アジアの戦争犠牲者の追悼集会が開かれるタイ・カンチャナブリの「クワイ河平和寺院」（キャプション）

## 朝日新聞虚報目録⑥

平成2年（1990年）6月19日　名簿を私は焼いた　知事の命令で証拠隠滅　元動員部長証言

戦前、山口県労務報国会下関支部動員部長として、「徴用」名目で多数の朝鮮人を強制連行した吉田清治さん（76）＝千葉県在住＝が話した。「名簿などの関係書類をドラム缶で焼き、灰はスコップで海に捨てました」。敗戦直後の8月下旬のことだった、という。

内務次官の指示に基づき、「記念写真も含め、朝鮮人に関する資料をすべて焼却せよ」という県知事の緊急命令書が、警察署長宛に届いた。吉田さんは丸4日かけて、下関署の裏で、同支部にあった徴用関係書類をドラム缶で焼いた。6000～10000人分の名簿も含まれていた。

「強制連行の実態が明らかになると、関係者は戦犯になりかねない。だから、米軍が来る前に、証拠隠滅を図ったわけです。当時は、自分もそれが当然と思っていました」

労務報国会は、戦時体制の中で、炭鉱などの人手不足を解消するため、昭和17年に全国各県の警察単位につくられ、労務動員を担当した。日本国内には徴用できる人材が少なく、朝鮮人の強制連行が主な仕事だった。吉田さんは敗戦まで約3年間、強制連行の実務責任者として7、8回、朝鮮半島に渡った。

地元警察署員らが集落を包囲したあと、吉田さんらが家の中や畑で作業中の朝鮮人男性を強引に引きずり出し、次々と護送車に乗せた。数百人を下関に連行した後、貨物列車に乗せ、炭鉱などに送り込んだ。

「自分は戦争犯罪人。その罪と責任は死んでも消えないでしょう。強制連行の官庁資料はもはやないと思うが、企業や市町村レベルで、少しでも手がかりがないか、探すべきです」

吉田さんは戦後、炭鉱などで酷使されて死んだ韓国人の遺骨返還運動や、6年前には韓国天安市の「望郷の丘」に私費で「日本人の謝罪碑」を建立するなど、自らの戦争責任を問い続けている。

「同じやり方で多くの朝鮮人女性を従軍慰安婦として連れ去ったこともあります。当時の私は、徴用の鬼、といわれて誇りに思っていました。朝鮮民族の人たちには、死後も謝罪し続けなければならないという気持ちです。到底許されるとは思っていませんが」

考える集い・催し次々と
岡山・大阪・・・各地で広がる関心

従軍慰安婦についての関心が韓国、日本各地で急速に広がっている。韓国挺身隊問題対策協議会共同代表の尹貞玉さん、在日韓国・朝鮮人女性、補償問題に取り組んでいる日本人らの努力によるところが大きい。

9月29日には岡山市内で「戦後補償と朝鮮人従軍慰安婦を考える集い」が開かれ、高木健一弁護士が「アジアに対する戦後補償を」と訴えた。

同様の集会はこれまで主として東京、大阪などで開かれており、地方都市では珍しい。岡山県評センター女性連絡会などの呼びかけで、市民グループの人たち約250人が参加、韓国のテレビ局が従軍慰安婦問題について制作した「沈黙の恨（ハン)」も観賞した。

10月22日から約2ヵ月間、大阪市浪速区のリバティおおさかでは「朝鮮侵略と強制連行展」が開かれる。

期間中の11月9日には「いま、朝鮮人強制連行を問う－」と題した集会が、12月初めにも同様の集会が予定されている。

「日本と韓国・朝鮮との友好のため、過去の歴史的事実を明らかにしよう」というのが同展のねらい。11月9日は吉田さんらが参加する予定だ。

## 朝日新聞虚報目録⑦

平成3年（1991年）10月10日　木曜日　　語りあうページ　　従軍慰安婦　加害者側から再び証言
女たちの太平洋戦争　　乳飲み子から母引き裂いた　　「実際、既婚者が多かった」

「朝鮮人従軍慰安婦とは何だったのか。いまこそ明らかにし謝罪しておかないと日本は早晩、国際的に指弾されるだろう」。戦時中「山口県労務報国会下関支部」の動員部長として朝鮮人を強制連行した吉田清治さん（78）＝千葉県我孫子市＝はこう言って目を伏せた。吉田さんは5月22日の本欄で、加害者としての自分について証言したが、改めて胸中を吐露した。その間3時間余。紺色の背広に小柄なからだを包んだ吉田さんは「私ももう年。遺言のつもりで記録しておいてほしい」と繰り返した。（編集委員・井上裕雅）

従軍慰安婦問題について韓国の女性団体などが実態を明らかにすることなどを日本政府に要求しているが、日本政府側の態度は一向に前進していない。4月にはソウルの日本大使館で女性団体に説明があったが、「手がかりになる証拠はなく、強制連行した事実を認めることも、謝罪することも、蛮行を明らかにすることも、慰霊碑を建てることもできない」というものだった。政府は「民間の業者がそうした方を連れて歩いたとか・・・」というばかりだ。

「あれは業者がやったことだ」「調査は不可能」などという理屈が通るはずもありません。

旧日本軍人、軍属の多くは慰安所と慰安婦のことは知っているはずです。ただ名誉なことではないので口にしないだけでしょう。

だが、元従軍慰安婦のほとんどは沈黙したままだ。加害者側が口をぬぐい、そして被害者側も過去を語ろうとしないケースが多い。従軍慰安婦とは何だったのかが歴史の闇（やみ）に埋もれる恐れさえある。しかし、吉田さんは、旧軍人、軍属の証言をまつまでもなく、慰安婦問題を明らかにすることはできるという。

南方から復員した軍人に聞いたのですが、彼女たちは負けいくさの中で戦場に放置された。保護なんてありえなかった。当然彼女たちは敵の捕虜になった。日本語を話す女性の集団です。スパイか破壊分子と思われたでしょう。日本軍の情報を得るためにも徹底的に調べられ、朝鮮半島から強制的に連行され、日本兵らの相手をさせられていた女性たちだ、ということがわかったでしょう。それらの調書はアメリカやオーストラリアで公文書として保管されていると思います。東南アジアの人たちもその実態は知っているでしょう。

各国ともいまそのことを明らかにすることはないでしょうが、人権感覚の鋭い欧米のマスコミが知ったらどうでしょう。黙ってはいません。そうなったら日本政府は国際的に言い逃れができません。

韓国の反日感情にも火がつきます。外務省は、いますぐにでも事実を認め、謝罪するべきでしょう。

慰安婦を乗せて南方に向かった御用船を含む船団が潜水艦にやられ、慰安婦と、彼女たちを受けとりにきた兵隊が亡くなったことがあります。彼らは靖国神社にまつられています。

従軍慰安婦問題は、さらに、国際政治に影響を及ぼす恐れがある、と吉田さんはいう。

朝鮮民主主義人民共和国（北朝鮮）とのことです。敗戦当時、旧満州、中国北部にいた慰安婦の多くはいま北朝鮮にいるはずです。北朝鮮が彼女たちのことを調べたかどうかはわかりませんが、その気になれば調べられるでしょう。

北朝鮮がその問題を暴露したら日本政府はどうするのでしょうか。

それにしても慰安所、慰安婦に関する資料が少ないのは事実だ。「国がその存在をごまかし、今日に至っている」と吉田さんは話す。

当時、慰安所のことは報道禁止でした。軍事機密だったわけです。国際世論も考慮しなければならない。慰安所など帝国軍人としてもってのほかでした。陸軍士官学校、陸軍大学などを出たエリート参謀たちにしても感性に合わなかったでしょう。でも、民間の業者が運営するのは無理なことでした。

私は1943年（昭和18年）、1944年（同19年）従軍慰安婦を連行しましたが、「皇軍慰問朝鮮人女子挺身隊員動員に関する件」という軍命令がくるわけです。「年齢は20歳以上30歳ぐらい、既婚者も可、妊婦は除く、性病検査実施、勤務は2年間」となっています。それを受け取るとすぐ朝鮮半島の道（どう）警察へ「また何人頼む」と電話を入れます。2、3日後、15人から20人ぐらいで連絡船で出張すると、すでに予定表ができています。どこで1人から3人、どこで3人から5人、といったふうに地図に書いてある。1時間ほど打ち合わせをして道警察から各村の近くの警察へ連絡します。連行予定前日の夕方から近くの駅を封鎖し、道路も押さえてしまいます。情報がもれていると困るからです。

当日は朝8時ごろ幌（ほろ）つきの軍用護送車で出かけます。そして各家から全員外へ出させます。そのころになると村内は「また人さらいがきた」とパニック状態です。悲鳴があがり、犬がほえます。

私は男性も徴用しましたが、女性を強制連行したことはより罪深いと思います。子供のいた人は敗戦後帰郷してその子たちに会いたかったでしょうが、多くの人たちが日本列島の中などで暮らしていると思います。

残酷な行為は私がやったのです。そのことを黙ったまま死ぬわけにはいきません。

謝罪する以外に方法はないでしょう。そうしない限り、今後100年たっても韓国民との友好はありえません。

従軍慰安婦として強制連行されたのは主として未婚の女性というのが通説だ。が、吉田さんの経験によると、そうではなかったという。既婚者が多かった。だから、ことは余計に悲劇的で重大だと語る。

私が連行に関与したのは1000人ぐらいですが、多くが人妻だったのではないでしょうか。乳飲み子を抱いた人もいた。3、4歳の子供が若い母親に泣きながらしがみついてもいました。そんな子供たちを近くにいる年とった女性に渡し、若い母親の手をねじ上げ、けったり殴ったりして護送車に乗せるのです。母親を奪われた子供たちはいま4、50代ですよ。当時のことを忘れてはいないでしょう。きっと死ぬまで忘れません。そんな人が何千人も韓国にいるんです。

彼女たちを連行した日本人として私は「忘れた」「なかったことだ」などとは到底言えません。当時、子供だった人たち同様、私もあの現場だけは忘れることができません。

## 朝日新聞虚報目録⑧

平成4年（1992年）1月23日　夕刊　　窓　論説委員室から　　従軍慰安婦

吉田清治さんは、昭和17年、朝鮮人を徴用するために設けられた「山口県労務報国会下関支部」の動員部長になった。

以後3年間、強制連行した朝鮮人の数は男女約6000人にのぼるという。

韓国の報道機関から「もし、わが国の国会で証言してほしいという要請があれば、どうしますか」と聞かれたとき、こう答えた。

「私は最も罪深いことをしました。証言しろといわれれば、韓国の国民、国会に対して謝罪し、そして何でも答える義務がある。その立場を自覚していますから」

記憶のなかで、特に心が痛むのは従軍慰安婦の強制連行だ。

吉田さんと部下、10人か15人が朝鮮半島に出張する。総督府の50人、あるいは100人の警官といっしょになって村を包囲し、女性を道路に追い出す。木剣を振るって若い女性を殴り、けり、トラックに詰め込む。

一つの村から3人、10人と連行して警察の留置所に入れておき、予定の100人、200人になれば、下関に運ぶ。女性たちは陸軍の営庭で軍属の手に渡り、前線へ送られていった。吉田さんらが連行した女性は、少なくみても950人はいた。

「国家権力が警察を使い、植民地の女性を絶対に逃げられない状態で誘拐し、戦場に運び、1年2年と監禁し、集団強姦（ごうかん）し、そして日本軍が退却する時には戦場に放置した。私が強制連行した朝鮮人のうち、男性の半分、女性の全部が死んだと思います」

吉田さんは78歳である。「遺言として記録を残しておきたい」と、60歳を過ぎてから、体験を書き、話してきた。

東京に住んでいたころは時折、旧軍人の団体や右翼が自宅に押しかけてきて、大声を出したりした。近所の人が驚いて110番したこともある。

マスコミに吉田さんの名前が出れば迷惑がかかるのではないか。それが心配になってたずねると、吉田さんは腹がすわっているのだろう、明るい声で「いえいえ、もうかまいません」といった。　〈畠〉

## 朝日新聞虚報目録⑨

平成4年（1992年）3月3日　夕刊　　窓　論説委員室から　　歴史のために

従軍慰安婦を強制連行した吉田清治さんの告白が、この欄（1月23日付）で紹介された。その後、たくさんの投書をいただいた。

去年、本紙と朝日放送が協力して進めた年間企画「女たちの太平洋戦争」にも、投書が相次いだ。担当者と話していて気づいたことがある。それは、日本軍の残虐行為はなかったとか、公表するなとかいう人の論拠には、共通する型がある、ということだ。
①そんなことは見たことも聞いたこともない。軍律、兵隊の心情にてらしても、それはありえない。もし事実だとしても、それは例外で、一般化するのは不当である。なかには自己顕示欲や誇張癖のために、ゆがめられた話もあるだろう。
②自虐的に自国の歴史を語るな。子孫たちが祖国への誇りを失ってしまう。それに、戦争が庶民を犠牲にすることは分かりきっている。過去を語っても無益。早く忘れよう。
③日本軍の残虐行為を知ったら、遺族は、わが父、兄弟も加わったかと苦しむだろう。そのつらさを考えよ。また、戦友は祖国のために命を捨てた。英霊を冒瀆（ぼうとく）するな。
以上のように主張したい人々の気持ちはよくわかる。だれにも理屈だけでは動きたくない情というものがある。しかし、それだけでいいのか。自問せざるをえない。

朝日放送が投稿をもとにドラマを制作し、昨年末、朝日系列テレビ各局が放送した。劇中、高等女学校の生徒たちが兵隊の褌（ふんどし）を洗う場面があった。たちまち、抗議の手紙、電話である。

「帝国軍人が、女生徒に褌を洗わせるなどということは、断じてない」

大阪府下に住む投稿者が、母校に保存されていた学校日誌で記憶を確認した。

「陸軍需品支廠（しょう）ヨリ依頼ノ軍用褌、洗濯作業開始」

知りたくない、信じたくないことがある。だが、その思いと格闘しないことには、歴史は残せない。

〈畠〉

12

## 朝日新聞虚報目録⑩

平成4年（1992年）5月24日　　慰安婦問題　　今こそ自ら謝りたい　　連行の証言者、7月訪韓

「私が慰安婦たちを朝鮮半島から強制連行した」と証言している千葉県在住の吉田清治さん（78）が7月、韓国に「謝罪の旅」に出る。韓国側から次々と起こされる訴訟、遅々として進まない日本側の補償に、いてもたってもいられなくなった、という。元慰安婦たちとも対面する予定で、「残虐行為に直接かかわった日本人が謝罪に来た、という歴史を残したい」と話している。

吉田さんによると、1942年（昭和17年）、「山口県労務報国会下関支部」の動員部長になり、国家総動員体制の下、朝鮮人を軍需工場や炭鉱に送り込んだ。朝鮮半島に船で出かけては百人単位でトラックに詰め込んだ。3年間で連行、徴用した男女は約6000人にのぼり、その中には慰安婦約1000人も含まれていた、という。

吉田さんは、こうした体験を「国会でもどこでも行って話す」つもりだが、参考人で呼ぼうとする動きが一時あったものの、いまだに実現しない。高齢で、今年しか謝罪のチャンスはないかも、という気持ちが、吉田さんを今回の旅へ駆り立てた。

吉田さんは、9年前にソウルの南、天安市にある海外同胞のための墓地、「望郷の丘」に碑を建てた。強制連行した朝鮮人へ謝罪の気持ちを込めたつもりだったが、一人だけの除幕式では、大勢の韓国人に囲まれ、ば声を浴びた。しかし、今回も望郷の丘で慰霊式をしたい考えだ。「解放記念日」の1カ月前に当たる7月15日に予定している。韓国内で慰安婦問題への関心が盛り上がっているいま、9年前以上の「さらし者」になる覚悟はできている、という。

## 朝日新聞虚報目録⑪

平成4年（1992年）8月13日　　元慰安婦に謝罪　　ソウルで吉田さん

ソウル12日＝小田川興

太平洋戦争当時、山口県労務報国会動員部長として、朝鮮人慰安婦や軍人、軍属を強制連行したと証言している吉田清治さん（78）＝千葉県我孫子市柴崎台＝が11日訪韓し、12日、ソウルの韓国プレスセンターで開かれた太平洋戦争犠牲者遺族会の「証言の会」に出席した。東京地裁に対日補償請求を訴えている元慰安婦の金学順さん（69）の前で頭を下げて謝罪。金さんは「補償実現に力をささげてほしい」と訴えた。

## 朝日新聞虚報目録⑫

平成6年(1994年)1月25日　　政治動かした調査報道　　戦後補償　忘れられた人達に光　　慰安婦・強制連行・・・

戦後長い間、戦禍の責任をとるべき側から忘れられた人達（ひとたち）がいた。

旧日本軍に性の道具とされた従軍慰安婦、強制連行の被害者、海外の残留邦人・・・・・。

近年になって急浮上したこれらの戦後補償問題に、朝日新聞の通信網は精力的に取り組み、その実像を発掘してきた。

隠れて生きるほかなく、実在が証明しにくかった従軍慰安婦を、マスメディアで具体的に語った先駆けは1985年8月のコラム「天声人語」だろう。千葉・館山の婦人施設にいた元慰安婦の願いで鎮魂の碑が建てられた話だ。しかし、元慰安婦自身の思いが詳しく書き留められるのは、それから3年後だった。

千葉支局の記者だった山之内玲子（31）＝現・東京社会部＝から「戦争体験の証言として忘れてはいけないものを千葉版に書き残しておきたい」と、取材申し込みを受けた「ベテスダ奉仕女母の家」理事長の深津文雄さん（84）は「女の記者さんだから、嫌なことは聞かないよ」と取り次いでくれた。

その女性は、裕福なパン屋の長女に生まれたが、店が倒産し、借金のかたに身売りされた。一度、家に戻れたが居場所がなく、兵隊相手の「特要隊」の話に乗せられて4000キロ南のパラオ諸島へ。強制的に連れて来られた朝鮮人女性らと、毎日20人以上も相手をさせられる日々・・・・・。

聞き取りは1日で終わらず、2日に及んだ。山之内は「つらいだろう」と相手をいたわりつつも、「いま記録しておかねば」との思いが強かった。

2年後の90年夏、日本政府は「慰安婦は民間業者が連れ回ったもの」と国会で答弁した。前後して千葉の施設に取材に来た韓国テレビ局のカメラの前で、元慰安婦は「証人に立とう。恥ずかしいことではない。名乗り出ておいでよ」と呼びかけた。

日本ジャーナリスト会議からＪＣＪ賞を贈られた朝日新聞と朝日放送のメディアミックス企画「女たちの太平洋戦争」に、慰安婦問題が登場したのは、翌91年5月。朝鮮に渡って強制的に慰安婦を送り出した元動員部長の証言に、読者から驚きの電話が何十本も届いた。

読者同士の紙面討論が延々と続くかたわら、記者が朝鮮人慰安婦との接触を求めて韓国へ出かけた。その年12月、韓国から名乗り出た元慰安婦3人が個人補償を求めて東京地裁に提訴すると、その証言を詳しく紹介した。年明けには宮沢首相（当時）が韓国を訪問して公式に謝罪し、国連人権委員会が取り上げるに至る。

千葉の元慰安婦は、山之内記者への私信で、韓国の元慰安婦が重い口を開いたことや、補償への動きが見えたことを喜んでいたが、93年春に亡くなった。

元従軍慰安婦からの聞き書きが掲載された88年8月10日付の千葉版（キャプション）

韓国の元従軍慰安婦へ補償の動きが出たことを喜ぶ、元慰安婦からのはがき（キャプション）

●●」発掘　ペンの執念
「ウトロ」で韓国でサハリンで－「過去」問う声探して

過疎の山奥でも離島でもないのに、1988年まで水道がひけなかった、京都府宇治市のウトロ地区（約2万1000平方メートル）。戦争中、飛行場と軍用機を造る国策会社に集められた朝鮮人労働者の建設宿舎跡だ。戦後、何の補償もないまま職を失い、帰国する金もない人達が残って、廃品回収業などで生きてきた。

その土地が住民の知らないうちに売り渡され、買い主から住民は「不法占拠」と立ち退きを迫られた。

ウトロ地区の中に、宇治支局（現・学研都市支局）の若い記者らが飛び込み、90、91年に社会面と山城版の連載で、都会の真ん中に隠されていた戦後を掘り起こした。

「ウトロの人間は他人の土地に勝手に来て家を建てた－という誤解を持たれたままでは、子供たちは誇りを持って生きて行けない」と訴える若い母親に、山崎靖（28）＝現・大阪社会部＝は胸を打たれたことを覚えている。

同じような強制連行で夫や兄弟を失った家族の思いを聞き取る勧告への旅に、90年8月、西部社会部員だった三ツ松千佐子（30）＝現・外報部＝は、同世代の女性通訳と2人で出かけた。戦時中、山口県の海底炭鉱災害が生んだ犠牲者名簿を手にしていた。

猛暑のなか、缶ジュースの手土産を持って、いきなり遺族の家に飛び込むポロシャツとジーパン姿の2人に、郡役場の職員が運転手役を買って出てくれた。そればかりか、「だれにでもあげられる物ではないが」と、戸籍のコピーも渡してくれた。

父親が出した死亡届を信じず、「遺骨が帰っていない兄はサハリンで生きているに違いない」と語る弟たち－。三ツ松が書いた社会面の連載から半年後、地元山口の放送局も同じ手法でドキュメンタリー番

14

組を作っている。

残留邦人はいない、とされていたサハリン。一時帰国のフェリーを取材し続けてきた稚内通信局長の前部昌義（34）は、91年9月、現地を訪れ、残された邦人がちょうど京都・ウトロの人達と同じように差別と貧しさの戦後を送ったことを知った。

93年、サハリンで新たに30人の残留日本人の存在が、民間の手で確認されている。

列島の南から北まで、そして海外にも張り巡らされた朝日新聞取材網のなかで、一人ひとりの記者が、多くの人びとに支えられながら活動を続けている。

## 朝日新聞虚報目録⑬

平成3年（1991年）8月11日　日曜日　　思い出すと今も涙　　元朝鮮人従軍慰安婦　　戦後半世紀重い口開く　　韓国の団体聞き取り

ソウル10日－植村隆

日中戦争や第2次大戦の際、「女子挺身隊（ていしんたい）」の名で戦場に連行され、日本軍人相手に売春行為を強いられた「朝鮮人従軍慰安婦」のうち、1人がソウル市内に生存していることがわかり、「韓国挺身隊問題対策協議会」（尹貞玉・共同代表、16団体30万人）が聞き取り作業を始めた。同協議会は10日、女性の話を録音したテープを朝日新聞記者に公開した。テープの中で女性は「思い出すと今でも身の毛がよだつ」と語っている。体験をひた隠しにしてきた彼女らの重い口が、戦後半世紀近くたって、やっと開き始めた。

尹代表らによると、この女性は68歳で、ソウル市内に1人で住んでいる。最近になって、知人から「体験を伝えるべきだ」と勧められ、「対策協議会」を訪れた。メンバーが聞き始めると、しばらく泣いた後で話し始めたという。

女性の話によると、中国東北部で生まれ、17歳の時、だまされて慰安婦にされた。200－300人の部隊がいる中国南部の慰安所に連れて行かれた。慰安所は民家を使っていた。5人の朝鮮人女性がおり、1人に1室が与えられた。女性は「春子」（仮名）と日本名を付けられた。一番年上の女性が日本語を話し、将校の相手をしていた。残りの4人が一般の兵士200－300人を受け持ち、毎日3、4人の相手をさせられたという。

「監禁されて、逃げ出したいという思いしかなかった。相手が来ないように思いつづけた」という。また週に1回は軍医の検診があった。数カ月働かされたが、逃げることができ、戦後になってソウルへ戻った。結婚したが夫や子供も亡くなり、現在は生活保護を受けながら、暮らしている。

女性は「何とか忘れて過ごしたいが忘れられない。あの時のことを考えると腹が立って涙が止まらない」と訴えている。

朝鮮人慰安婦は5万人とも8万人ともいわれるが、実態は明らかでない。尹代表らは「この体験は彼女だけのものでなく、あの時代の韓国女性たちの痛みなのです」と話す。9月からは事務所内に、挺身隊犠牲者申告電話を設置する。

昨年10月には36の女性団体が、挺身隊問題に関して海部首相に公開書簡を出すなど、韓国内でも関心が高まり、11月に「同協議会」が結成された。10日には、「韓国放送公社」（ＫＢＳ）の討論番組でも、挺身隊問題が特集された。

(別紙)
〔謝罪広告の内容〕

謝罪広告　いわゆる「従軍慰安婦」について

株式会社朝日新聞(以下、当社という)は、第二次大戦終結後37年経過した昭和57年(1982年)9月2日以来、吉田清治の証言、すなわち、「私は、1943年～1945年に、軍命令により、済州島で、木剣を振るって若い女性を殴り、けり、15人ほどの若い女性をトラックに詰め込み連行して慰安婦にした」等を真実であるとして「日本軍が、慰安婦を戦場へ強制連行したことは事実である」と朝日新聞紙上に報道し続けてまいりました。かかる吉田清治の証言は、東京裁判においても、日韓基本条約締結に際しても何ら問題にされていなかったにもかかわらず、当社は、この吉田証言を具体的で詳細であるという点だけに依拠して、客観的な裏付けをとることなく朝日新聞紙上に発表しました。

平成4年(1992年)1月11日、当社は「軍の関与を示す資料発見、政府見解揺らぐ」と標記したうえ、昭和13年3月4日付陸軍省から派遣軍あて通牒を「これこそ国の機関である軍が慰安婦募集に関与した証拠である」として、当社紙面一面トップに大きく取り上げたところ、証拠であるどころか、それとは逆に、日本軍が、「募集において悪徳女衒などが誘拐に類する方法をとることがあるので、憲兵と警察は(悪徳売春業者を)取り締まれ」という内容であって、悪徳業者が「強制連行」しないよう軍が関与したことを証するものでありました。

しかしながら、この昭和57年(1982年)の当社の発表以降、戦後37年間、「日本軍が、素人の娘たちを強制連行し、戦場に送り込み、無償で日本兵士たちの慰めものにした」という虚構が、全世界に広まってしまうこととなったのは、偏に、当社が16回にわたり、吉田清治の証言を繰り返し真実であるとして報道し続けてきたからでありました。

当社が報道し続けた吉田清治の虚偽証言が、国連クマラスワミ報告 平成8年(1996年)、国連マクドゥーガル報告書 平成10年(1998年)において日本軍による慰安婦の強制連行(日本軍による朝鮮人20万人以上の性奴隷化)の論拠とされたのであります。

当社は、吉田証言を裏付ける証拠として、インドシナにおける日本軍兵士によるオランダ人婦女子への強制売春をとりあげましたが、このスマラン事件(白馬事件)は軍紀違反として、慰安所は軍の命令で閉鎖されたのであり、これは、むしろ、「『国家・軍の命令』によって強制連行したわけではない」という事実を証明するものであります。

当社は、昭和57年(1982年)から32年も経過した昨年に至り、ようやく、吉田清治氏の証言は虚偽であることを確認しました。また、朝鮮半島において、日本国軍及び日本国政府が、軍ないし政府の方針として、暴力を用いて朝鮮人の女性を慰安婦にしたという事実はなく、慰安婦は民間業者が集めた売春婦であったことを確認いたしました。

これらの事実に反した報道により、日本国及び日本国民の名誉を毀損したことを深く謝罪するものであります。また、大韓民国国民と日本国国民の間の円滑な関係に障害を生じさせたことについてここに深くお詫び申し上げます。

株式会社朝日新聞社
代表取締役　渡辺雅隆

〔謝罪広告の条件〕
全5段
見出しは14ポイント以上、本文は10ポイント以上の活字による。

16

[編者略歴]

朝日新聞を糺す国民会議（議長・渡部昇一　事務局長・水島総）

平成26年10月25日、慰安婦問題等で明らかにされた朝日新聞のねつ造歪曲報道を糺すべく、国会議員、地方議員、学者文化人、全国の草の根国民で設立した国民運動組織。
大東亜戦争を戦った日本国と日本人祖先を貶め、今生きている日本国民の名誉と誇りを傷つけ、それを国内の日本国民だけでなく、世界中に歴史事実の捏造歪曲を振り撒き、世界各国に住む在留邦人の名誉を棄損し、人権を侵害し、その生命財産の安全をも脅かした朝日新聞に対し、日本には報道の自由や表現の自由はあっても、捏造報道や嘘プロパガンダ報道の自由は無いことを知らしめ、集団訴訟や100万人署名活動、様々な抗議行動、国会証人喚問要求等、あらゆる手段と方法で戦い、日本人の名誉と誇りを取り戻すことを目的としている。

住所：〒150-0002 東京都渋谷区渋谷1-1-16 若草ビル 頑張れ日本！全国行動委員会内
TEL　03-5468-9222　FAX　03-6419-3826
メール info@asahi-tadasukai.jp
公式サイト　http://www.asahi-tadasukai.jp/
Facebook　https://www.facebook.com/asahitadasukai
Twitter　https://twitter.com/asahitadasukai

編集協力／井上敏治・小川寛大・栁木愛乃
　　　　　星野杜実・乃美康子
カバーデザイン・本文DTP／茂呂田剛（エムアンドケイ）

朝日新聞を消せ！

2015年4月21日　第1刷発行
2015年5月15日　第2刷発行

編　者　朝日新聞を糺す国民会議
発行者　唐津 隆
発行所　株式会社ビジネス社
〒162-0805　東京都新宿区矢来町114番地 神楽坂高橋ビル5F
電話　03(5227)1602　FAX　03(5227)1603
http://www.business-sha.co.jp

〈印刷・製本〉中央精版印刷株式会社
〈編集担当〉佐藤春生　〈営業担当〉山口健志


ISBN978-4-8284-1798-1